まず知っておきたい心理学

基礎・応用・実践まで心理学のエッセンスをつかむ

市村彰英
ICHIMURA AKIHIDE
埼玉県立大学名誉教授

梓出版社

はしがき

私は高校までの勉強に劣等感がありました。そして大学に進学してからは心機一転、高校までの科目にはなかった心理学の勉強に専念することになりました。心理学科のオリエンテーションで最初に聴いた言葉が、「心理学は行動の科学である」です。当時の私は将来、精神科病院のカウンセラーになることを漠然とイメージしていました。そんな私には行動の科学というフレーズが、ピンとこなかったことをよく覚えています。

黙っていても相手が何を考えているのかがわかる。心理学はまるで、読心術のように誤解をされることがあります。しかしそのようなことはあり得ません。もっとも相手が黙っていても、その表情や動き、話し方など非言語的なレベルで、ある程度は理解できるかもしれません。しかしその様子が、本当に相手の心情を表しているかどうかはわかりません。結局は当人から話を聴いてみないとわからないのです。

私は大学で主に臨床心理学を学びました。その後は大学院に進み、共感性に関する研究をしました。また実践的な経験をするために、精神科病院で臨床心理士としてアルバイトをしました。そして家庭裁判所調査官という国家公務員の専門職試験に合格したことをきっかけに、大学院を中退しました。こうして家庭裁判所のカウンセラーと、ソーシャルワーカーのような仕事に就くことになりました。

2年間の研修の後、最初は少年係家庭裁判所調査官として、非行少年やその家族、関係者と関わりました。それは再非行を防ぐための保護処分を考える仕事です。面接や経過観察を通して、心理学の知識だけでは解決できない生きたケースと向き合いました。コミュニティと関わることは、少年や家族、その周囲の人々との従来の関係性に影響を及ぼします。その結果、少年の再非行が防げることを、私自身が繰り返し経験しました。

こうした仕事を10年ほど経験した後、家事係家庭裁判所調査官として、家族や夫婦の紛争解決に関わるようになりました。家族療法やシステムズアプローチという専門的な技法を通して、多くの貴重な経験を得ました。

私は家庭裁判所調査官を20年務めた後に、今度は大学教員として臨床心理学、家族心理学、非行心理学などを20年にわたり講義してきました。またその間も社会貢献事業として、いろいろな関連領域で仕事をさせていただきました。これらは現在も継続しています。

第Ⅲ部では、以下の領域における心理学を応用した私の経験を記しました。また参考資料を巻末にまとめました。

・虐待をした父親たちのグループのファシリテーター（児童相談所）
・非行少年の親グループのファシリテーター（家庭裁判所）
・家庭訪問型子育て支援ボランティア「ホームスタート」のスーパーバイザー

目次

目　次

はじめに　基礎心理学と応用心理学
——心理学を大きく2つに分けると

心理学を大きく分類すると、基礎心理学と応用心理学に分かれます。

ところで心理学という学問は、すべてが**構成概念**で成り立っています。構成概念とは文字どおり、何一つ現に存在することがない概念です。そもそも心とは人間の身体のどこにあるのでしょうか？　心臓でしょうか？　脳でしょうか？　実はいずれでもありません。

心理学の理論においては、一つひとつの構成概念に定義が与えられています。その定義に基づき、理論の展開が行われ、いろいろな心理学現象を説明していきます。

第1節　基礎心理学とは——心理学のベースとなる理論

基礎心理学は「学習心理学」「認知心理学」「生理心理学」の3つで構成されます。これから、それぞれの概要を説明していきましょう。

私たちは生まれた時、泣くことしかできません。しかし、少しずついろいろなことができるようになっていきます。**学習心理学**とは、それらを説明するための理論です。学習心理学には、**レスポンデント条件づけ**（パブロフの犬の実験）や**オペラント条件づけ**（スキナーのハトの実験）、**モデリング学習**（バンデューラの模倣学習）などの理論があります。

認知心理学は記憶、言語、思考、知能などに関する理論です。感覚や知覚という低次認知をベースとして、人間特有の高次認知が成り立ちます。**感覚**とは、私たちが刺激を受動的に感じることです。そして**知覚**とは、私たちがその刺激を能動的、主体的に感じることです。

生理心理学は、心と身体の関係を論じています。脳波や大脳の機能、そして人間の言動を綿密に解明していくと、いろいろな心身の相関が見えてきます。

第2節　応用心理学とは――日常生活に役立つ心理学理論

応用心理学は、大きく「臨床心理学」「発達心理学」「社会心理学」に分かれます。これらは基礎心理学がベースになっています。

人は心身の病や不安、問題に直面した時、不適応症状や不適応行動が生じることがあります。そこから回復していくための理論や技法を論じているのが**臨床心理学**です。人間のパーソナリティに関する、いろいろな学派や学者の理論が用いられます。こうして当人や家族、関係者のことをよく理解して、支援していきます。

人間は出生して成長していく過程で、いろいろなことを学習していきます。それを解明していくのが**発達心理学**です。人はある程度の成長段階に達しないと、できないことがあります。それが**レディネス**（**準備性**）です。またある時期に獲得すると効果的な学習があります。それを**適時性**と呼びます。いろいろな学者が発達段階の理論を展開していますが、その理論を比較してみると、それぞれ共通する傾向があります。

人間が社会で生活するうえで、その言動にはどのような特徴があるのでしょうか。**社会心理**

学はそれらを解明していきます。例えば社会学は集団に焦点を当てています。

その一方で社会心理学は、集団の中の個人の心理現象に着目して、いろいろな理論を展開していきます。社会の中で生じる集団現象において、様々な個人の心理的特徴が浮き彫りにされます。

この他にも応用心理学には、たくさんのジャンルがあります。教育心理学、産業心理学、犯罪心理学など、「○○心理学」と呼ばれるものが数えきれないくらいあります。

第Ⅰ部

基礎心理学

応用心理学のベースとなる理論

第1章　学習心理学——人生は学びの連続

私たちは生まれた時には、全面的に親の世話になります。そうしないと生存できないからです。そして成長する過程で、いろいろなことができるようになっていきます。座る、ハイハイする、歩く、言葉を話す、文字を読む、数える、計算するなど、これらの行動は発達の過程における学習によって可能になります。

心理学では学習を「経験によって生じる比較的永続的な行動の変化」と定義しています。心理学における学習には、次の3つの理論があります。すなわちレスポンデント条件づけ、オペラント条件づけ、モデリング学習です。

第1節　３つの学習理論

１ レスポンデント条件づけ――結びつきが学びのきっかけ

レスポンデント条件づけは、ロシアの生理学者・パブロフ（Pavlov,I.P.1849-1936）の犬の実験が有名です。この実験の概要は、犬に餌を与えるときに、必ずメトロノームの音も一緒に聞かせます。すると今度はその音を聞いただけで、唾液がでるようになるというものです。私たちが梅干をイメージした時に、唾液が出るのと似ています。パブロフは次のように説明しています。

餌を見て唾液が出るのは、生理的・本能的な反応です。そこで餌を**無条件刺激**、そして唾液を**無条件反応**と呼びました。またメトロノームの音は耳で聞きます。したがってメトロノームの音を無条件刺激、聴覚を無条件反応としました（図１-１）。

餌もメトロノームの音も同じ無条件刺激です。次はこの二つを一緒に提示してみましょう。

無条件刺激	餌	――――――	唾液	無条件反応
条件刺激	音	・・・・・・・・	唾液	条件反応
無条件刺激	音	――――――	聴覚	無条件反応

図 1-1　レスポンデント条件づけ

すると今度は、メトロノームの音を聞いただけで、唾液が出るようになっていきます。この時の音が**条件刺激**であり、唾液は**条件反応**となります。この現象を**レスポンデント条件づけ**と定義します。この反応は手続きを通して学習したものです。

このように無条件刺激（餌）と、条件刺激（音）を一緒に提示することが**強化**です。強化を繰り返すと条件刺激（音）と、条件反応（唾液）の結びつきは強くなり、新たな学習を獲得します。逆に条件刺激（音）だけ提示して、無条件刺激（餌）を提示しないことを繰り返すと、音を聞いても唾液が出なくなります。これが**消去**です。

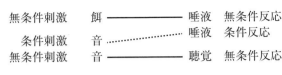

幼児が母親のことをママと呼んでいると、母親の姿とママという音が一緒に提示されます。それを繰り返すことによって、幼児はママという言葉を覚えます。このように自然に言葉を覚える時には、対象と言葉が一緒に提示されます。

ちなみに後述するオペラント条件づけは、このレスポンデント条件づけを促進する効果を持っています。例えば、子どもが母親をママと呼んだ時に

「そうだよ！　ママだよ！」と褒めるのです。すると新たな学習を獲得しやすくなります。

基礎心理学における学習理論は、応用心理学における臨床心理学の心理療法の理論に生かされています。レスポンデント条件づけでは、**系統的脱感作法**があります。これは恐怖症の人が、過去に経験した不適切な学習を解決することに応用されます。

例えば高所恐怖症の改善です。高いところに少しずつ順応していけるように、セラピストがリラクゼーションを提供します。そうすることで、高いところへの異常な恐怖心をなくしていきます。

この場合、高所は以前の**条件刺激**であり、恐怖は以前の**条件反応**です。つまり「高所↓恐怖」は不適切な学習なのです。これを高所（以前の条件刺激）と、リラクゼーション（新しい条件反応）を一緒に提示することで**強化**します。そうすることで「高所↓リラックス」という適切な学習に変えていきます。この方法は閉所恐怖症や、不潔恐怖症などにも応用できます。

アラームシーツとは、シーツにセンサーがついているものです。これは夜尿《やにょう》が続く子どもに応用できます。子どもがおねしょをしたら、センサーが感知してブザーで知らせます。

夜尿が続く子どもは、夜尿（条件刺激）をしても、気付かずに眠り続ける（条件反応）という傾向があります。この「夜尿↓気付かずに眠り続ける」という不適切な学習を、適切な学習にすることで解決を図ります。

つまり夜尿（以前の条件刺激）と、アラームシーツ（新しい条件刺激）を一緒に提示します。すると気付かず眠り続ける（以前の条件反応）→目が覚める（新しい条件刺激）という新しい適切な学習を獲得できます。

2 オペラント条件づけ――褒めて育てることの意味

オペラント条件づけは、アメリカの学習心理学者である**スキナー**（Skinner, B.F. 1904-1990）が提唱しました。適切な行動に報酬を与えると、その行動が促進されます。スキナーはハトをスキナー・ボックスという実験箱に入れました。その中にはくちばしでつつくと、餌がでてくる丸いスイッチボタンがありました（図1-2）。
狭い箱はハトにとって居心地が悪いものです。「出してくれ」と、くるくると歩き回ります。すると偶然に体の一部がボタンに接触して、餌が出てきました。そこでハトはくるくる回れば、餌が出てくると思い込みます。ところが回り続けても、なかなか体はボタンに接触しません。それでもハトはしばらくこの行動を続けました。スキナーはこれをハトの**迷信行動**と言っています。

そのうちハトはスイッチボタンをつつけば、餌が出てくることを学習します。餌はスイッチボタンをつつくことのご褒美です。つまりくちばしでスイッチボタンをつつくことは、適切な行動と言えます。適切な行動をした時にご褒美をあげることも、**強化**と呼びます。

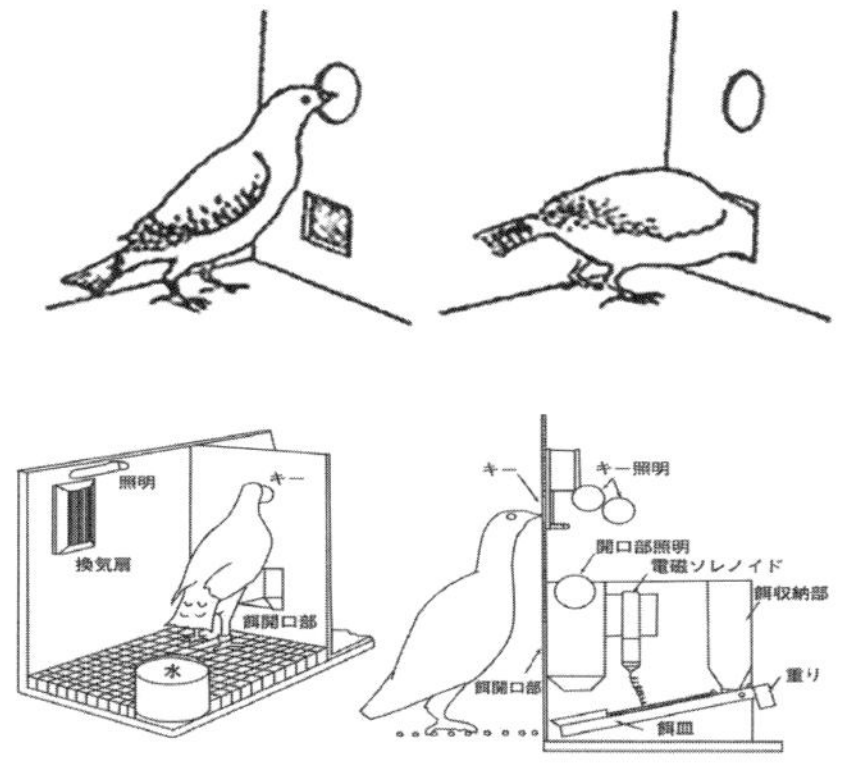

図 1-2　スキナーボックス

私たち人間も適切な行動をした時に褒めてもらえば、適切な行動を繰り返します。「褒めて育てる」という言葉をよく耳にします。やってはいけないことに罰を与えて禁止するよりも、良い行いを褒めるほうが、はるかに学習効果があります。

私たちの日常生活では、このオペラント条件づけのいろいろな強化パターンを用いています。スキナーはこれを**強化スケジュール**と呼びます。例えば内職で、部品を10個組み立てると１０００円貰える。このようなスケジュールは**固定比率スケジュール**です。また１カ月間働けば、10万円貰えるというスケジュールは**固定時隔スケジュール**と呼びます。

ところでギャンブルは当たったり、当たらなかったりします。これは**変動比率スケジュール**です。また美味しいラーメン屋では、店頭に並ぶ人数によって待ち時間が違います。これを**変動時隔スケジュール**と呼びます。

固定の場合には強化しない（ご褒美をあげない）と、すぐにその行為をしなくなります。しかし変動比率の場合には、当たらなくてもしつこく続ける傾向があります。なぜならギャンブルをする人は、大当たりを期待し続けるからです。この傾向は、ギャンブル依存がなかなか治らない原因でもあります。

さらにオペラント条件づけの続きです。今度は、不登校の小学校低学年の子どもを例に挙げて説明してみましょう。不登校の子どもは毎朝、玄関で靴を履くとお腹が痛くなってしまいます。前の晩にはランドセルを用意して、明朝に学校へ行く準備をしていたにもかかわらずです。「そんなことでどうするの！」と根性論を突き付けても、不登校の子どもには通用しません。学校に行くという刺激が提示されると、お腹が痛くなる生理反応が生じてしまうからです。そこでお母さんは次のように子どもに伝えます。「今日は学校に行かなくてもいいよ。今日はおうちの近くの公園に行って、遊んで帰ってこようね」。

子どもは「うん」と嬉しそうな顔をします。そして遊んで家に帰ってきた時に、お母さんは子どもに言います。「今日は楽しかったね。お靴を履いてもお腹痛くならなかったね。すごいね」。このように褒めて、ご褒美のスタンプシールを１つ貼ります。そしてこう伝えます。「このシールが５つ溜まったら、あなたが欲しいと言っているおもちゃを買ってあげるね」。

嬉しそうにする子どもに、翌日は通学路の途中にある図書館に誘ってみます。そして帰宅したら２つ目のスタンプシールを貼ります。３日目は学校にほど近くの公園、４日目は学校の校庭、５日目は保健室という具合に、子どもは毎日スタンプを獲得していきます。こうして少しずつ学校に近づきながら、やがて登校できるようになります。この時には少しずつ（**スモール・ステップ**）、課題に向けて取り組んでいくこと（**シェーピング**）が必要です。不登校以外にも、しつけや勉強の習慣をつけることにも応用ができます。この方法は、**トークン・エコノミー法**と呼ばれています。

３ モデリング学習――子どもは大人の真似をしてしまう

ここまで有名な２つの条件づけを紹介しました。学習理論には、もう一つ**モデリング学習**があります。カナダの心理学者である**バンデューラ**（Bandura, A. 1925-2021）が提唱した理論です。これはうまく適応している人たちの行動を真似る行為です。例えば、ゴルフがうまい人のホームを真似する。社交的な人のコミュニケーションの取り方を真似するなどです。「見様見真似」、「門前の小僧、習わぬ経を読む」と言われます。

ところが時に人は、知らないうちに悪影響を受けていることも少なくありません。例えば、親から虐待を受け続けた人が、自分の子どもにも虐待をしてしまう場合です。それは悲しいかな、自分が親から受けた辛い経験を、自分の子どもにも繰り返してしまうことです。また大人がやっている悪行を、子どもたちが知らず知らずのうちに真似してしまうこともあります。

表１－１では、３種類の学習理論の特徴をまとめています。

第２節　情動と動機づけ――人が行動を起こすきっかけ

人間や動物の行動を「始まり」「方向づけ」「続ける」ことを、**情動・動機づけ**と言います。

動機づけは、人間の行動の始まりを作る生理学的・心理学的なきっかけです。怒りや喜び、悲

表1－1　学習の表

学習の種類	別名	学者	キーワード	理論	特徴	行動療法
レスポンデント条件づけ	古典的条件づけ	パブロフ	犬の実験、餌、メトロノーム、唾液	無条件刺激（餌）と条件刺激（音）を対呈示（強化）すると、条件刺激（音）により条件反応（唾液）が生じるようになる	受動的	系統的脱感作法（各種恐怖症）アラームシーツ（夜尿癖のある児童）
オペラント条件づけ	道具的条件づけ	スキナー	ハト（ネズミ）の実験、スキナーボックス、スイッチボタン、餌	自発的行動に報酬や罰を与える（強化する）ことで、行動を増やしたり減らしたりする	能動的	トークン・エコノミー法〔不登校児童が徐々に登校可能になる方法　スモール・ステップの原理とシェーピング（方向づけ）の組合せ〕
モデリング学習	社会的学習理論	バンデューラ	ゴルフのフォーム	人の行動を真似ることにより獲得する		

しみや恐怖など、一時的で急速に行動が引き起こされる感情を**情動**と呼びます。情動と動機づけは、違う概念のように思えるかもしれません。例えば恐怖という情動は逃走反応、怒りは攻撃反応を引き起こさせるきっかけとなります。また単純に空腹という不快な状態は、食べる行動を生じさせるきっかけとなります。このように情動と動機づけは、明らかに関連があります。

人間や動物の行動を説明する時に、「本能」という言葉を使うことがあります。例えば、一頭のライオンがなわばり争いで、他のライオンを攻撃する。それを「攻撃本能」が原因であると説明したとします。しかしそれはその行動に対して、単に本能という言葉を使っているだけで、何の説明にもなっていません。

それでは本能という言葉を使わずに、動機づけられた行動は、どのように説明できるでしょうか。心理学では「動因」と「誘因」という言葉を使います。**動因**とは、「お腹が空いた」「喉が渇いた」という、人間や動物の生理的で内的な状態です。簡単に言えば、人間や動物を行動に駆り立てる機能です。

すなわち人間や動物の「食物を食べる」「水分を摂る」という行動は、空腹動因や渇水動因を減らします。人間や動物の生理的状態を一定に保つためとも説明できます。この動因を減らす行動をとり続け、一定の生理状態を保つ現象を**ホメオスタシス**と呼びます。
　また**誘因**は、人間や動物の外界に存在します。動因を起こそうとするポジティブ、あるいはネガティブな刺激のことです。いわば行動するように、人間や動物を外から引っ張る機能を持ちます。とくに人間にとっては、生物的な動機はさることながら、安定や愛情を求める心理的な動機も重要とされています。

第３節　マズローの欲求（動機）の５段階説
――年齢とともに変わる欲求（動機）

　アメリカの心理学者・**マズロー**（Maslow,A. 1908-1970）は、人間の欲求は成長していくと考えました。人間は生まれながらにして、すでに欲求（動機）を持っていると言います。
　もっとも、生まれて間もない赤ちゃんは、泣くことしかできません。泣いて「お腹が空いている」「喉が渇いている」「具合が悪い」「眠たい」「おむつが汚れて気持ち悪い」などを、親や周りの大人に伝えます。

このように生まれたばかりの赤ちゃんが持っている欲求（動因）は、**生理的欲求**（1段階目）です。そして大人がそれに対処し誘因を得て、動因が満たされた時には泣き止みます。

また生理的欲求が満たされても、安心できる状況でなければ、落ち着きません。例えば夫婦喧嘩やDVなど、子どもにも危害が及ぶ状況を想像してみてください。

これらの欲求は**安全欲求**（2段階目）です。戦争が繰り返されている国（誘因）では、常にこの欲求が満たされていません。これらはネガティブな誘因である夫婦喧嘩や戦争が終わると、動因（安全欲求）が満たされるわけです。

次に、保育園や幼稚園に通うようになると、**社会的欲求**（3段階目）を習得しなければなりません。いろいろな社会的ルール（誘因）のある集団生活の中で、どのように振舞えばよいのか（動因）。社会の中では、自分のことばかり考えていてはいけません。他人にも思いを巡らせなければなりません。このころからしつけも始まります。

3歳くらいの子どもは、自分のことしか考えられません。ところが徐々に成長し、5歳くらいになってくると、周りの人の気持ちがわかるようになっていきます。そして自分が家族や集団の中で、どのように振る舞うべきか理解できるようになります。その中では自分も周囲の人間も、楽しく有意義に過ごすための欲求が必要になります。

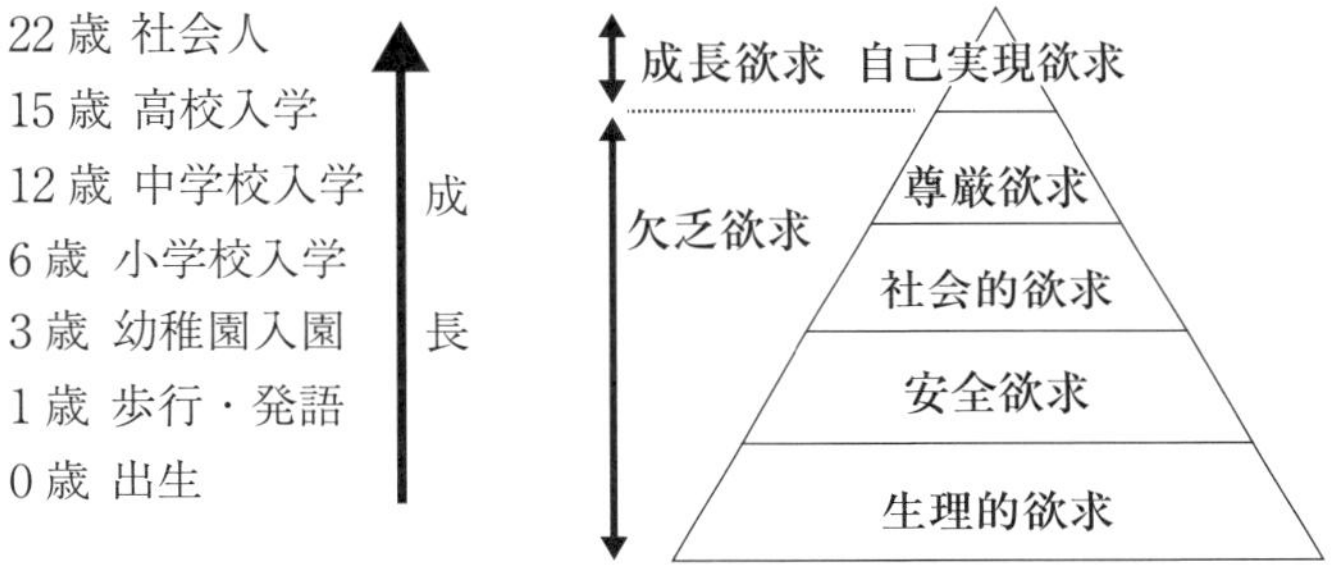

図 1-3　マズローの欲求の５段階説

小学校の高学年くらいになると、自分に関する周囲の評価が気になります。ポジティブな評価を得られた時には、自尊心や自信が高まります。自分の得意なことを他者から評価される（誘因）と、やる気も芽生えます。こうしてさらに勉強したり、課題に取り組んだりします（動因）。これを**尊厳欲求**（４段階目）と言います。

こうして子どもは、周囲の大人から様々なものを享受していきます。順調に段階を経てきた子どもは、欠乏欲求を満たすことができます。そのまま成長していくと**自己実現欲求**（５段階目、成長欲求）が生じていきます。自らの進路や生き方（誘因）を見つけていこうとするのです（動因）。このように４段階目までの欲求を**欠乏欲求**、最終段階の欲求を**成長欲求**と呼ぶこともあります（図１－３）。

第４節　いろいろな欲求（動機づけ）
――人はいろいろな動機づけの中で生きている

このような欲求（動機づけ）には、いろいろな種類があります。とくに人間は社会的な動物です。対人場面における行動を支えるものとして、**親和動機づけ**があります。自分に好意を持つ人に近づき、協力して愛着を形成しようとします。親和欲求は人のために役立つ行動（ボランティア活動）や、養育行動の基盤にもなると言われています。その一方で、**排除の動機づけ**も存在します。自分に対して好意を持たない他者を遠ざけ、拒否的・消極的な行動をとることもあります。

また困難な課題を成し遂げ、競争の場で他者より抜きん出ようとする達成動機づけもあります。これは高い目標を掲げ、達成しようとします。仕事においては職場の同僚と、円滑なチームワークを築こうとします。**達成動機づけ**は親和動機づけとともに、職場において責任ある立場を求める**権力の動機づけ**などとも関連します。すなわち、達成動機づけが高い人のほうが、社会のあらゆる場面で活躍しているとも言えます。

ところで人は、生命の維持に必ずしも関係がなくても、身体的・心理的に活動を求めることがあります。それが**活動・探索動機づけ**です。例えばジグソーパズルを完成させても、報酬がもらえるわけではありません。それにもかかわらず一生懸命に取り組むのは、この動機づけによるものです。全くやることがない暇な状態は人間にとって苦痛です。人間はどうしても刺激を求めるものです。

例えば１９５７年に、**ヘロン**（Heron, W. 1897-1988）が行った**感覚遮断の実験**があります。この実験は、五感を無刺激の状態にします。被検者をまったく刺激のない部屋に入れ、しばらく様子を観察します。すると徐々に集中力や思考力が減退して、幻覚体験などを訴える反応がみられました。このように全く刺激がない状態は、むしろストレスになります。

この実験における被験者の多くは、たとえ報酬をもらっても、再びこのような辛い体験は避けたいと拒んだそうです。現代はストレス社会と呼ばれます。過度なストレスとなる刺激は避けるべきです。しかしやることが何もないと、それもストレスになります。日常生活において、健康で正常な心理状態を維持するためには、ある程度の刺激（ストレス）は必要です。この実験結果は、それを物語っているとも言えるでしょう。

第5節　情動はどのように生じるのか――3つの説の紹介

前述のとおり、**情動**（emotion）とは強い感情のことです。例えば努力の末に、難しい試験に合格した時は、飛び上がって体全体で喜びを表現することでしょう。しかしこのような強い感情表現は、ずっと続くわけではありません。だんだんとしあわせな気持ちに収束していきます。ちなみにこの弱く、じわっと長く続く感情を心理学では、情動と区別して**気分**（mood）と呼びます。ここではこの情動がどのように生じるのかを解説します。また恋愛感情はどのように生じるのか。これにも触れてみたいと思います。

1　抹消起源説（ジェームズ＝ランゲ説）

19世紀末のアメリカの心理学者・**ジェームズ**（James, W. 1842-1910）は、「泣くから悲しい」と述べ、情動の**抹消起源説**を提唱しました。同時期にオランダの医師・**ランゲ**（Lange, C. 1834-1900）も同様の考え方を示しています。ジェームズは受容器からの入力が、骨格筋の反応を促して情動の起源になると考えました。またランゲは自律神経系の活動が、情動の起源になると考えました。どちらも主観的な情動体験に先立って、末梢的な身体活動が生じると述べています。確かにいったん笑い出すと、よりいっそうおかしくなります。また怒っているうちに、余計に腹が立ったりすることもあります。

２ 中枢起源説（キャノン＝バード説）

「身体反応」と「主観的経験」はほぼ同時に生起している。そしてそれは脳の中枢である視床下部《ししょうかぶ》が中心的な役割を果たしている。このような説を提唱したのが、20世紀初頭の生理学者である**キャノン**（Cannon,W.B. 1871-1945）と、**バード**（Bard,P. 1898-1977）です。身体反応と主観的経験はほぼ同時に生起しますが、別のものです。外界からの刺激によって自律神経系が活動して、身体反応が生じます。その一方で、視床下部を経て、大脳皮質に至るルートで主観的経験が生じると考えました。そして身体反応は、主観的経験よりも多少時間を要すると言っています。そのため「悲しいから泣く」という順番で、情動が生じることになります。

3 情動の二要因説（吊り橋効果理論）

情動体験は、「生理的反応」と「認知的評価」の両方に関係して生じる。キャノンとバードの説に対して、**シャクター**（Schachter, S. 1922-1997）と、**シンガー**（Singer, J. 1934-2010）は、こう提唱しました。それは情動体験（行動を伴うような激しい感情体験）における認知の役割を示す実験結果によるものです。例えば、同じ泣くという身体反応であっても、悲しい時だけでなく、おかしくて涙が出てしまうこともあります。嬉し涙や、映画を見て感動の涙が出ることもあります。

いったい情動はどこからどのように生じるのでしょうか。ここで興味深い実験を紹介しましょう。この実験のテーマは、「恋愛感情がどのようにして芽生えるのか」です。**吊り橋効果と**も呼ばれています。

まず情動が生まれる要因は、次の2つです。

① **生理的反応**

② 生理的反応の**原因の認知**

心臓がどきどきする原因は何でしょうか。この原因を自分がどのように捉えるかによって、情動の内容（**認知的評価**）が変わっていきます。

１９７４年にカナダの社会心理学者・**ドナルド・ダットン**（Donald, G.D. 1943-）と、**アーサー・アーロン**（Arthur, A. 1945-）は、「生理・認知説の吊り橋実験」を行いました。この実験は二つの橋で実施されました。一つは険しい谷間にかかる吊り橋で高さ70メートル、全長１４０メートルあります（カナダ・バンクーバーのキャピラノ川の揺れる吊り橋）。大きく揺れて、渡るのに恐怖を覚えます。もう一つは、キャピラノ川上流にある安定した頑丈な木製の橋です。

二つの橋を渡るのは15歳から35歳の男性被検者です。彼らには橋を渡る途中で、魅力的で素敵な女性によるアンケートに回答してもらいます。その時に彼女は被検者の男性たちに次のように伝え、電話番号を渡しました。「このアンケートの結果が知りたければ、後日ぜひ私に電話をください」。はたしてその結果はどうだったのでしょうか。

安定感のある橋を渡った男性16名の中で電話をしたのは、わずか２名（13％）でした。一方で不安定な吊り橋を渡った男性18名の中で電話をしたのは、９名（50％）にも及びました。この差はどうして生じたのでしょうか。

今にも落ちそうな吊り橋を渡る恐怖感は、ドキドキする生理的な興奮（**生理的反応**）を引き起こしました。被検者の男性たちは、それを女性に対する好意的な感情（**原因の認知**）だと勘違いしてしまったのです。すなわち、「感情は間違った認知に誘導できる可能性がある」という仮説が証明されたのです。

このドキドキ感は恋愛によるドキドキ感に違いない。その思い込み、つまり認知的解釈を、恋愛感情の情動と勘違いしてしまったのです。このように事象の原因を間違って捉えてしまうことを、心理学では**錯誤帰属**と言います。

第６節　恐怖と不安について――この二つは何が違うのでしょう

人間は強い刺激に遭遇した時には声をあげるし、身を縮めます。後ずさりするなどの驚愕反応もみられます。遊園地のお化け屋敷を思い出してください。何らかの危機に遭遇すると、このような身体反応に伴って「恐怖」が経験されます。その際には、自律神経系の反応として、心拍数や脈拍が上がります。また筋肉の緊張が増して、身をすくめて動けなくなります。時には逃走しようとする反応も起こります。

これらの反応が生じる時には、大脳《だいのう》辺縁系《へんえんけい》の扁桃体《へんとうたい》が作用しています。これは怒っている顔や、恐れている顔を見た時にも、同様に作用します。

例えば、父親からいつも虐待を受けている子どもは、父親の姿を見るだけで、この反応が生じてしまう。それは前述したレスポンデント条件づけによる学習で獲得した結果です。恐怖の条件づけが成立してしまったと言えます。このように対象が明確で、一過性に生じるのが**恐怖**です。これに対して対象が不明確で、持続的に生じるものが**不安**です。その場から逃げることが困難な状況で経験される不快な情動です。

したがって無条件刺激と一緒に提示される、明確な条件刺激が存在する場合には「恐怖」が学習されます。しかし条件刺激がなくて、無条件刺激が提示される場合もあります。これは刺激を経験した場面や文脈（状況）と、無条件刺激が結びつくことにより、対象が不明確な「不安」が学習されます。

例えば、いつも虐待を受けていた部屋に入ると不安になる。あるいはいつも虐待を受けていた時間になると、不安になることもあります。このような不安は当人や関係者に、明確な対象として認識されていません。対象から逃げることも、避けることもできません。

第2章　認知心理学——認知のいろいろ

認知心理学は、**感覚・知覚**（**低次認知**）と、**記憶・言語・思考**（**高次認知**）に分かれます。また低次認知があるからこそ、高次認知があると言えます。それでは、順番に見ていきましょう。

第1節　感覚とは——認知は感じるところから始まる

感覚とは見える、聞こえるなど、いわゆる五感のことです。本を開くと文字が見えるのは**視覚**によるものです。耳を澄ますと空調の音が聞こえるのは**聴覚**の働きです。パソコンを打つ指先がキーボードに触れている感覚は**触覚**です。何かいい匂いがするとき、それは**嗅覚**の働きです。食べ物の味を感じるのは**味覚**です。このように五感はどちらかというと、受動的な感覚です。

1　刺激閾と刺激頂――聴力検査のしくみ

定期健診で行われる聴力検査をイメージしてみてください。ヘッドフォンを付けて、音が聞こえたらボタンを押します。この方法で、低音と高音の聞こえる範囲を調べます。この最小の音の大きさを**刺激閾**《しげきいき》と言います。すなわち刺激を感じることができる、最小の物理的刺激量のことです。刺激閾の値は小さいほど「感じる能力」が高い。いわば**感度**が高いことになります。

一方で**刺激頂**《しげきちょう》とは、刺激を許容できる最大の限界量です。つまりそれ以上大きくなると、適切な心的体験はできません。痛みを感じますし、時には身体（受容器）が損傷します。例えばロックバンドは大きなスピーカーの近くで演奏します。そのため鼓膜を損傷してしまったミュージシャンは、刺激頂を超えた刺激を受け続けたことになります。したがって刺激頂付近の刺激は、人間にとって危険なものです。聴覚検査のように、実際に測定することはできません。

2 オクターブとは――周波数で考えると不思議

楽器の調律（音合わせ）などに用いられる音叉の音は440ヘルツのラの音です。純音とも言われます。これを基準に1オクターブ上のラは880ヘルツ、2オクターブ上のラは1760ヘルツとなります。1オクターブとは、周波数が2倍の関係であることを意味します。刺激の属性である周波数では、このように何倍と表現ができます。ただ感覚的に「何倍の高さ」と実感できるのは不思議です。

3 可視光線とは――虹色のなぞ

人間の目に見える光を**可視光線**と呼びます。つまり可視光線とは、光として感じることができる波長の電磁波です。例えば雨上がりには、虹がかかることがあります。波長範囲の下限は360〜400ナノメートル、上限は760〜830ナノメートルです。このように可視光線の波長は、nm（ナノメートル）という単位で表されます（図1－4）。

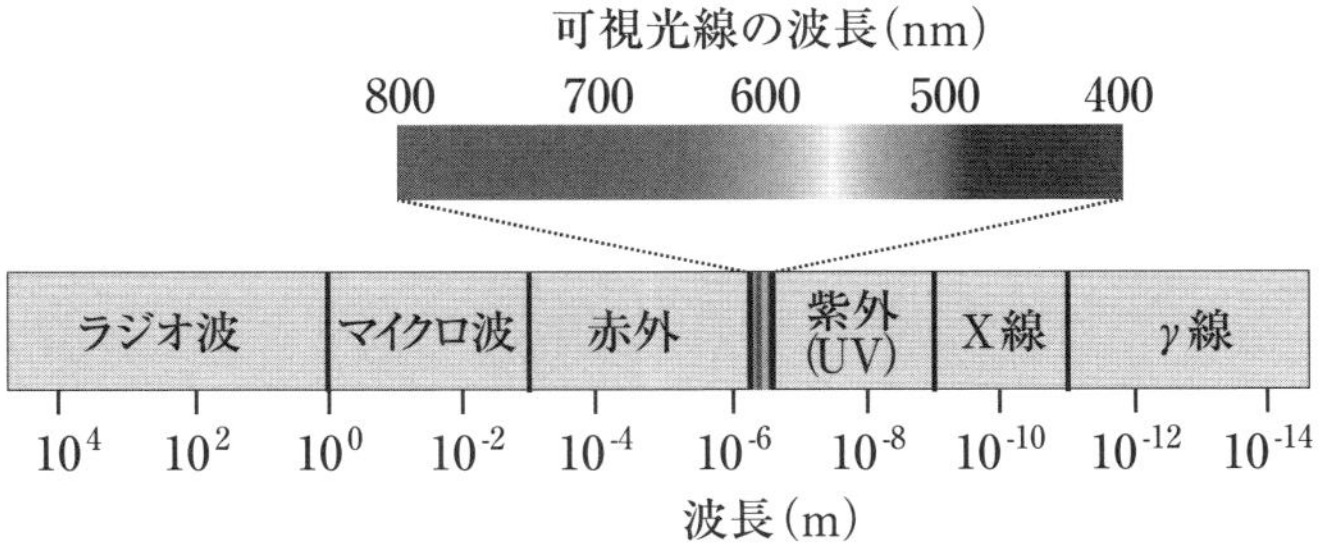

図 1-4　様々な波長の電磁波における可視光線

1nm $=1\times10^{-9}$ (0.000000001) m = 10億分の1メートルです。

波長によって次のような色の違いを感じることができます。紫（380〜430ナノメートル）、青（430〜490ナノメートル）、緑（490〜550ナノメートル）、黄（550〜590ナノメートル）、橙（590〜640ナノメートル）、赤（640〜770ナノメートル）。7色の虹とは、紫と青の間に藍色が入ります。

可視光線よりも波長の短いものが**紫外線**で、その限界は380ナノメートルです。逆に波長の長いものが**赤外線**で、その限界が830ナノメートルです。両方とも人間には見えません。紫外線よりもさらに波長の短い電磁波には、X線やγ線などがあります。また赤外線よりもさらに波長の長い電磁波には、マイクロ波やラジオ波などがあります。

4 明るさ、暗さに対する順応
――真っ暗な映画館がやがて薄暗くなる謎

暗い映画館に入ると、最初は真っ暗で何も見えません。それでも注意しながら歩いているうちに、少しずつ見えるようになります。空いている席も、見分けられるようになります。この現象が**暗順応**《あんじゅんのう》です。

一方でよく晴れた日に、車を運転しながらトンネルを抜けると、一瞬まぶしくて何も見えなくなってしまう。あるいは夜間の運転中に、対向車線の車のヘッドライトが目に入ることがあります。一瞬周りが見えなくなりますが、すぐに見えるようになります。これらが**明順応**《めいじゅんのう》です。

暗順応のほうが明順応よりも、反応するのに時間がかかります。これは外界の環境が変化したわけではなく、私たちの視覚系の**感度**が変わることによるものです。網膜には2種類の光受容細胞があります。明順応では錐体《すいたい》細胞が、暗順応ではかん体細胞が反応します。その反応速度の違いにより、暗順応のほうが時間を要します。

第2節　知覚とは――主体的なしくみ

知覚とは、感覚よりも少し能動的であり、主体的です。例えば次のような感じです。「この本は心理学の本だ」「この空調の音は静かだ」「このパソコンのキーは打ちやすい」「これはトーストが焼ける匂いだ。おいしそうだ」。そしてこの知覚の働きは生きていくうえで、とても便利にできています。

1　知覚の恒常性――生活に便利な知覚の特徴

①大きさの恒常性――近くでも遠くでも同じ大きさに見える不思議

例えば、街路樹が見えるとしましょう。街路樹はどれもほぼ同じ大きさです。ここから5メートル離れた木（A）と、10メートル離れた木（B）があります。このとき目の奥にある木（B）の網膜像は、木（A）の半分の大きさ（高さは2分の1、面積は4分の1）で映っているはずです。しかし私たちはAとBをほぼ同じ大きさだと判断します。これは視覚の中で、２

本の木までの距離を感じて、主体的にほぼ同じ大きさだと判断するからです。これを**大きさの恒常性**と呼びます。

②形や色の恒常性――どのような角度や明るさでも同じに見える不思議

この恒常性は大きさだけではありません。形や色にも生じる現象です。皆さんがいま読んでいるこの長方形の本を、まっすぐ目の前に置いてみましょう。網膜像には文字通り長方形が映ります。それでは次に下辺を手前にして、上辺を奥に傾けてみてください。皆さんの網膜像には台形が映っているはずですが、ここでも皆さんはそれを長方形だと判断します。これが**形の恒常性**です。

また、ここに赤色と黄色の2つのリンゴがあるとしましょう。明るい部屋で私たちがこれらのリンゴを見ると、網膜像にも赤色と黄色がはっきりと映ります。次に薄暗い部屋で、これら2つのリンゴを見ると、網膜像には灰色に映っているはずです。ところが、ここでも私たちには赤色と黄色に見えます。これが**色の恒常性**です。これらの現象をまとめて**知覚の恒常性**と呼びます。

２ 心理学の歴史

① 精神物理学――心理学はここから誕生した

このように知覚とは、物理的・客観的なものがそのまま感じられるわけではありません。むしろ人間が主体的に感じとっているのです。そこには人間の後天的な学習が取り入れられて、人間が生活しやすい仕組みになっています。

例えば測定機に、10グラムの消しゴムを乗せてみます。すると、わずか10グラムの重さでも、しっかり計測します。次は人間の手のひらの上に薄い紙を敷き、接触を感じさせないように消しゴムを上に乗せてみましょう。きっと重さが感じられるはずです。今度は５００グラムの本を手のひらに載せて、その上に消しゴムを乗せてみると、どうでしょうか。10グラムの消しゴムの重さは、感じ取ることができないはずです。

このように人間の知覚とは、とても不思議なものです。これらの研究は１８６０年に**フェヒナー**（Fechner, G. 1801-1887）によって、一冊の本にまとめられました。それが『精神物理学要綱』です。このように物理的刺激と主観的感覚の関係性が、**認知心理学**の出発点となりました。

図 1-5　図地反転

②心理学という学問の誕生――はじめての心理学実験室

１８７９年に**ヴント**（Wundt, W.M. 1832-1920）は、心理学実験室を創設しました。彼は人間の意識を細かい要素に分けました。そしてそれらを組み合わせることで、人間の心理を解明できると考えたのです。この考え方は**構成主義**と呼ばれました。

③ゲシュタルト心理学の台頭――要素に分けても分からない

これに対し１９１０年代に、**ゲシュタルト**（全体）を主張する**ゲシュタルト心理学派**が形成されました。メンバーには、**ウェルトハイマー**（Wertheimer, M. 1880-1943）、**ケーラー**（Köhler, W. 1887-1967）、**コフカ**（Koffka, K. 1886-1941）らがいました。

例えばネオンサインは、ランプの点滅を組み合わせて、光が動いているように見せます。このように動かないものを、動いているように見せることを**仮現《かげん》運動**と呼びます。また**プレグナンツの法則**は、複数の対象物を一つのグループとして知覚することで、

図 1-6　仮現運動

より把握しやすくすることです。こうして私たちは、何かモノを見た時に、瞬間的にその全体像を捉えます。したがって、モノの見え方を細かく分解しても、必ずしもそのメカニズムが解明できるわけではありません。

ルビン（Rubin,E.J. 1886-1951）によって考案された**ルビンの盃**は見方によって、盃にも人の横顔にも見えます。この図は白と黒のどちらを「図」にするか、あるいは「地」にするかで、全体の見え方が異なります。いわゆる図地反転図として有名なものです。娘と老婆のだまし絵も同様のことです（図１－５）。

④ 仮現運動――実際と異なる動きが見える不思議

仮現運動は、ウェルトハイマーが提唱した現象です。パラパラ漫画はこの現象を利用しています。またアニメーションもこの原理が基本になっています。例えば図１－６のように縦の線と、横の線とを交互に提示すると、その線が縦から横に倒れたように見えます。

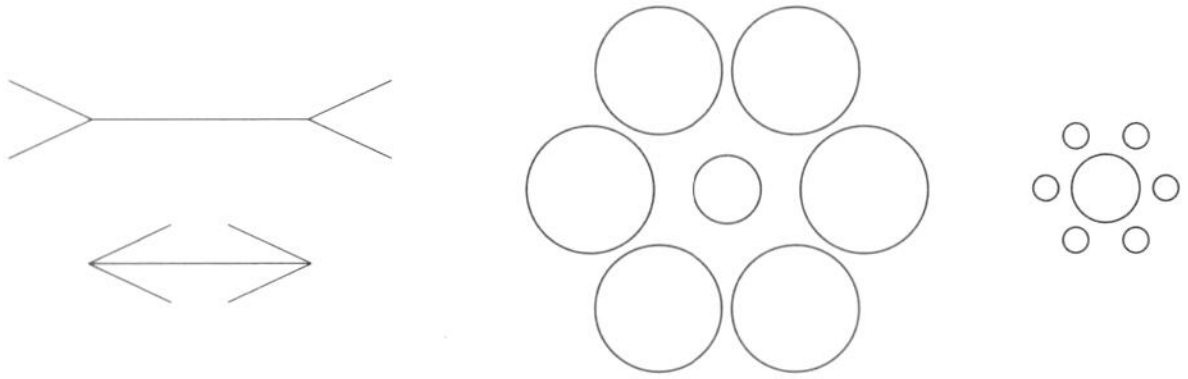

図A　ミューラー・リヤーの錯視

図B　エビングハウスの錯視

図1-7　幾何学的錯視

3　幾何学的錯視 ——物理的情報と違う共通の主観的な見え方

認知心理学では、この人間の知覚を詳細に研究します。例えば**幾何学的錯視**が生じる有名な図形があります。有名なものとして、**ミュラー・リヤー**（Müller-Lyer, F.C. 1857-1916）の錯視があります。まず図Aを見てみましょう。上下に二つの図が並んでいます。見た目では上の図のほうが、横線が長く見えませんか。ところが、この二つの図の横線の長さは、どちらも同じです。

図Bは、**エビングハウス**（Ebbinghaus, H. 1850-1909）によって考案されました。**エビングハウスの錯視**と呼ばれます。7つの円のグループが、左右に二つ並んでいます。左右のグループの中央に位置する円に注目してみましょう。すると右側のグループの中央の円のほうが、左側のそれよりも大きく見えませんか。しかし左右のグループの中央の円は、二つとも同じ大きさです。

人間の視覚は、物理的な刺激が網膜像に映っています。ところがそれがそのまま受け取られるわけではありません。そこに錯覚がおこるのです。すなわち物理的な客観的事実ではなく、人間に知覚された主観的事実として錯覚（錯視）されています。そこには人間における知覚の主体性が働いているとも言えます。

４　近刺激と遠刺激――網膜像とは違う現実感覚

この人間の網膜像に映っている刺激が**近刺激**《きんしげき》です。そして実際に人間の視覚でとらえる対象物を**遠刺激**《えんしげき》と呼びます。前述した知覚の恒常性は、近刺激と遠刺激が異なるのに同じように知覚します。一方、幾何学的錯視は、近刺激も遠刺激も同じなのに異なるように知覚してしまいます。

５ 月の錯視――月は同じ大きさなのになぜ

月は水平線上に現れた時に、大きく見えます。しかし空の中心に上った月は、これに比べるとかなり小さく見えます。しかし大きさは一緒です。月はビルなど見慣れた建物と一緒に見ると、大きく感じるとも言われています。言い換えると、見慣れた方向の対象は大きく見える。そんな仮説も成り立つかもしれません。

６ 聴覚における現象――ＩＣレコーダーと違う情報選択

私たちの日常生活は、決して静かな状況ばかりではありません。雑踏の中で人と会話をすることもあります。例えばパーティー会場では、周囲で自分のことが話題にのぼることがあります。そんな時には、その会話の内容が自然と聞こえてきます。

このような現象が**カクテルパーティー効果**です。しかしこの状況をＩＣレコーダーで録音して再生しても、この時と同じようには聞こえません。これは私たちが自分に必要な情報を取捨選択して聴いているからです。これは**選択的知覚**とも呼ばれます。

視覚や聴覚など人間の知覚は、主体的な枠組みを有しています。それらが日常の生活に役立っていると言えます。

第３節　記憶について――記憶のいろいろ

私たちの日常生活では、記憶が大切です。これから行おうとする物事の手順では、過去の記憶を参照することもあります。とくに過去において課題を解決した時の記憶は、今の課題解決にも役立ちます。

１　記憶の過程――択一式問題と穴埋め問題との違い

私たちはどのようにして、知識や出来事を覚えるのでしょうか。まずは頭に刻み込むことから始まります。これが**記銘**です。次に保存しなければ忘れてしまいます。これが**保持**です。また記憶を呼び起こすためには、想い出さなければなりません。これが**想起**です。想起には２種類あります。**再生と再認**です。

再生とは記憶していることを、そのまま言葉や文字で表現することです。小論文や記述試験の穴埋め問題などはこの類です。また再認とは「あー、そうだった」と、そのことを再確認することです。正解を選択肢の中から選ぶ五者択一問題などはこの類です。そして再生は再認よりも難易度が高いです。

２ 記憶の種類（時間的概念）――瞬間から永久まで

① 感覚記憶――あっという間の記憶

「ぱっと明るくなった」「何か音が聞こえてきた」など、瞬間的にその変化を記憶に留めることがあります。これらが**感覚記憶**です。この時にはほとんど意識せずに、いろいろな記憶を用いています。日常生活では瞬間に何かを記憶して、次の行動に移すことも必要です。

② 短期記憶――必要な時間だけでよい記憶

日常では感覚記憶よりも、もう少し長く記憶して、次の作業につなげなければならないこともあるでしょう。そんな時は一瞬の記憶では間に合いません。例えば花屋の電話番号を暗記して電話をかける場合です。少なくとも番号の入力が終わるまでは覚えていなくてはいけません。でもそれはせいぜい数十秒でしょう。先方に連絡がつけば、電話番号はあっさり忘れてもかまいません。このような記憶が**短期記憶**です。

③長期記憶——ずっと覚えている記憶

しかし短期記憶と違い、自宅の電話番号や住所ではそうもいきません。とっさに思い出せるようにしておくべきです。このような記憶が**長期記憶**です。

３　記憶の種類（内容的概念）——これも記憶なのか

①意味記憶——知識としての記憶

意味記憶はいわゆる知識に関する記憶です。歴史上の人物や出来事、地名や名産物、あるいは専門知識など、いろいろな知識に関する記憶です。意味記憶をたくさん持つ人は、博識と言われます。受験勉強で覚えた単語は、意外といつまでも覚えていたりするものです。苦労しながら語呂合わせで覚えた知識は、とくにそうでしょう。

②エピソード記憶——日常の記憶

意味記憶は必要に迫られて覚える記憶です。しかし**エピソード記憶**は覚えようとする記憶ではありません。今日の起床時間や朝食、通学の途中に出会った友人など、自然に覚えている記憶です。事件が起きた時のアリバイは、この種類の記憶です。

1時間前、半日前、昨日、一昨日、3日前そして1週間前と時間を遡ると、記憶は薄れていきます。また記憶は、人間の都合で変容することもあります。しかし思い出に残る印象的な出来事などは、よく覚えています。

ちなみに個人的なエピソードですが、私が仮現運動をわかりやすく教えてもらったのは、大学院時代の○○教授の講義でした。このようにエピソード記憶の中に、意味記憶が登場することもあります。

③手続き記憶——習慣的に身体で覚えている記憶

手続き記憶は言葉ではなく、習慣的な記憶です。箸や茶碗の持ち方、鉛筆の持ち方、自転車の乗り方、泳ぎ方、ラケットやゴルフクラブの振り方など、身体で覚えている習慣的な記憶です。むしろ言葉で説明するのは、難しい記憶だと言えます。

④ 作動記憶――いろいろな記憶のオンパレード

作動記憶とは、上記３種類の記憶が同時に行われていることです。例えば、運転しながら音楽を聴き、覚えている歌詞を歌う。また時々、助手席の人と話をするという具合です。いろいろな記憶の種類が、同時に実行されている状態です。運転は手続き記憶、歌詞を口ずさむのは意味記憶、助手席の人と話すのはエピソード記憶です。

また作動記憶は、短期記憶を長期記憶にする場合に用いると効果的です。例えば歴史の年号を覚える場合です。仏教の伝来なら「ご参拝＝５３８年」などと、語呂合わせで覚えるでしょう。年号を声に出したり、紙に書いたり、語呂合わせしたりする手続きによって、長期記憶が意味記憶として定着しやすくなります。

第3章　生理心理学――こころと身体の関係

生理心理学とは、心と身体の関係を論じるものです。これを**心身相関**と言います。人間の行動と脳波や大脳、ホルモンの機能を綿密に解明していくと、いろいろな心身の相関が見えてきます。

第1節　神経系について――中枢神経と末梢神経

脳内の神経系は**中枢《ちゅうすう》神経系**と呼ばれます。中枢神経は身体との関係を保っています。そして脳と身体とを結んでいる神経を**末梢《まっしょう》神経系**と呼びます。この末梢神経は**体性《たいせい》神経系**と**自律神経系**に分類されています。それぞれについて説明していきましょう。

１ 感覚神経と運動神経

外界の刺激は**感覚神経**（**求心性神経**《きゅうしんせい》）に感知されます。それが脳の中枢へと繋がります。すると脳の中枢のしかるべき部分がそれに反応を起こして、**運動神経**（**遠心性神経**《えんしんせい》）を経て、人間の言動に繋がります。この感覚神経と運動神経の２つを**体性神経系**と呼びます。

例えば熱いものに触れると、反射的に手を引っ込めます。また悲しい時には涙を流します。これらもこの反応です。また車を運転している時、赤信号で停止したり、速度調節したりするのもこの反応です。

２ 自律神経とは――人間の身体の不思議

自律神経は、体性神経とは異なり自律的に機能します。自動的にホルモンなどを分泌したり、内臓器官を制御したりします。それは心肺機能や消化活動、発汗などにも影響を与えます。

交感神経と**副交感神経**の両者は、拮抗した働きをしています。交感神経は身体の覚醒水準を上げて、活動を活発にします。副交感神経はその逆です。身体の覚醒水準を下げて、活動を穏やかにします。

例えば朝起きて、これから仕事に行く時には、交感神経が働きます。その働きを促進するためにコーヒーなどを摂取します。また昼食後には眠くなります。これは消化器官が作用するときに、副交感神経が働くからです。午後の仕事が始まると、再び交感神経が働きます。帰宅後に入浴と夕食をすますと副交感神経が働き、よい眠りにつくことができます。

第2節　睡眠と脳波について――眠っている時のこころの様子

脳波とは頭のいろいろな部位に電極を配置して、大脳皮質の活動を記録するものです。主なものは以下の通りです。

・**アルファ（α）波**（覚醒安静時、閉眼時、後頭部、8～13ヘルツ）
・**ベータ（β）波**（活発な精神活動時、前頭部、中心部、13ヘルツ以上）
・**シータ（θ）波**（まどろみや浅い睡眠、後頭部、4～8ヘルツ）

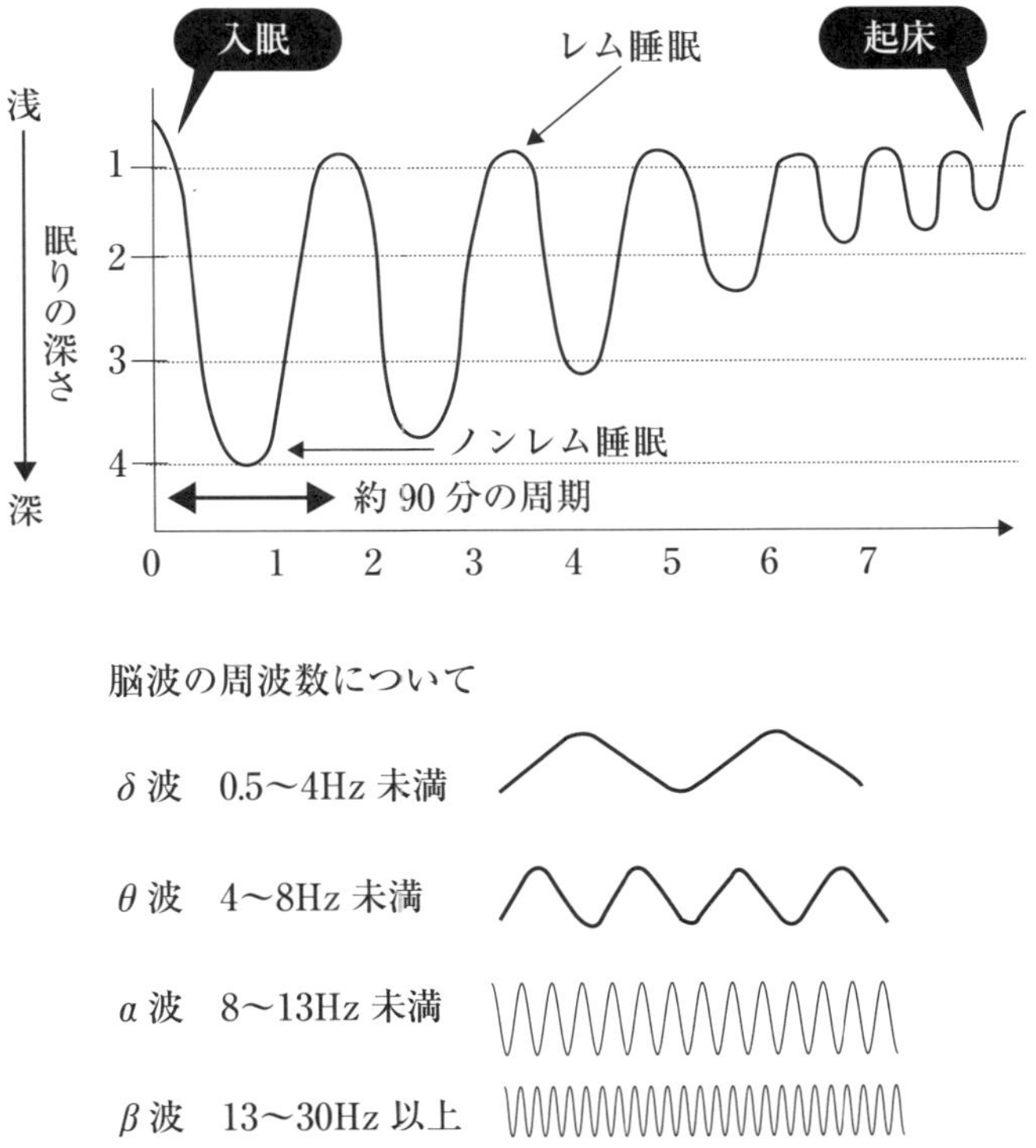

図 1-8　脳波と睡眠曲線

・デルタ（δ）波（深い睡眠、側頭部、４ヘルツ未満）

Ｈｚ（ヘルツ）とは、１秒間に繰り返す振動の回数です。α波、β波以外は大きな波になります。睡眠中にはレム睡眠とノンレム睡眠が観察されます。このように人間の活動や睡眠と、脳波とは相関があります（図１－８）。

レム睡眠では、脳が活発に働いています。記憶の整理や定着が行われるとともに、体がもっとも休まる時間でもあります。また**急速眼球運動**と骨格筋（抗重力筋）の筋活動の低下が、レム睡眠の特徴とされます。

急速眼球運動の英語表記「Rapid Eye Movements：REMs」の頭文字をとって、レム睡眠と呼びます。眼球が動いており、夢を見ていることが多いです。一方の**ノンレム睡眠**では、大脳も休息していると考えられます。脳や肉体の疲労回復のために重要です。

ノンレム睡眠とレム睡眠は繰り返されます。眠りが浅いレム睡眠の時ならば、気持ちよく目覚めることができるでしょう。睡眠時間を調べた数々の論文によると、夜間の睡眠時間は加齢とともに短くなっていきます。10歳までは8～9時間、15歳で約8時間、25歳で約7時間、45歳で約6・5時間、65歳で約6時間となります。

第３節　ストレスとホルモンの関係について

１ ストレスの迷走（マインドワンダリング）とは――オンとオフの切り替え

私たちは忙しい毎日を過ごしています。やらなければならないことも、たくさんあります。常に「ＯＮ」の状態を迫られている人も多いでしょう。しかし仕事の後には、ゆっくり休みたいものです。このような「ＯＦＦ」の状態を実感できるとよいのですが、なかなか思いどおりにはいきません。

現代人の多くが、恒常的にストレスフルな状態に置かれています。このような状態を**マインドワンダリング**（**ストレスの迷走**）と言います。

日常では当然、ストレスを感じることがあります。仕事や勉強が終わった後も忙しかったり、辛かったりしたイメージは、簡単には消えません。**ネガティブな過去**を引きずってしまうこともあります。さらには過去だけでなく、**ネガティブな未来**すらイメージしてしまうこともあるでしょう。ストレスは寝ている間も夢に出てきます。そのため後味の悪い寝起きになることさえあります。

2　コーピングについて――ストレスに対処する方法

このような時に認知行動療法（131頁）では、**コーピング**という対処行動をトレーニングします。ネガティブな過去を引きずっているなら、まずはそこから離れるのです。そのためには楽しいことを想像したり、実行したりすることが有効です。「音楽を聴く」「運動をする」「映画を見る」「本を読む」「美味しいものを食べる」「うまい酒を飲む」「気の置けない仲間とおしゃべりをする」など、「このストレスにはこれかな？」という組み合わせを考えておきます。こうしてネガティブな過去や未来に縛られない、コーピングができるようにします。

3　ストレスホルモンについて――ストレスがホルモンに影響する

ストレスを自分自身でコントロールできるようになれば、「ＯＮ」と「ＯＦＦ」の切り替え

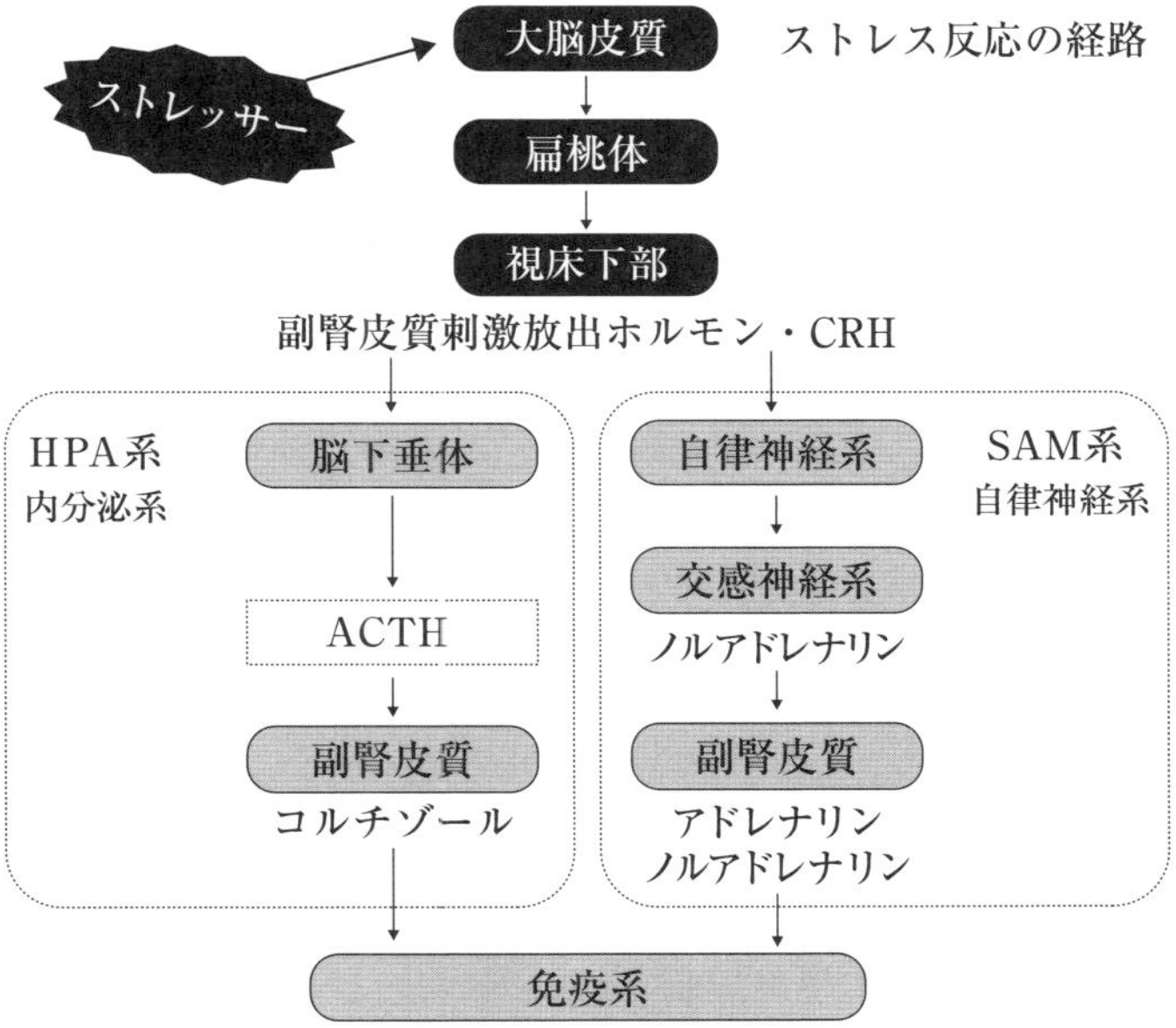

図 1-9　ストレスホルモン

がスムーズにできます。ところでこの「ＯＮ」とはどのような状態なのでしょうか。

リラックスしている状態では、ストレスホルモンは発生していません。しかし、人生の難題に直面した時や、スポーツなどで強豪と対戦しなければならないこともあるはずです。そんな時は、頑張るためのホルモンである**アドレナリン**が、脳の指令により副腎皮質から発生します。また、辛い状況に耐えなければならない時には、我慢するためのホルモンである**コルチゾール**が発生します（図１－９）。

これらの状態が続く限り、ホルモンは発生し続けます。心身ともに緊張が続き、交感神経が活発に働きます。その結果、脈拍が上がったり、呼吸が早くなったり、発汗したりします。このように心身は相関して反応します。時には自律神経失調症状などが生じることもあります。アドレナリンはその性質を理解して練習していけば、その対処の仕方を改善していくこともできます。これが**問題焦点型コーピング**です。

しかし自分の努力だけでは、どうしようもないこともあるでしょう。その状況が収まるまで、なんとか我慢しなければなりません。これは**情動焦点型コーピング**と呼ばれます。

4　自分ではどうにもならないこと——どうにもできないストレスもある

情動焦点型コーピングが必要になるような、自分の努力ではどうにもならない過酷な状況下では、マインドワンダリングが続きます。

例えばクレイマーに対応する感情労働はその典型です。ストレスのＯＮとＯＦＦをしっかり切り替える必要があります。コーピングの量と質を増すためのトレーニングが求められます。

私もカウンセリングで、とても辛い状況に置かれているクライエントの話を聴くことがあります。クライエントは辛い状況にいるあまり、自分では抑えきれない怒りを抱いていることもあります。時にはその気持ちを、私にぶつけてくることさえあります。

５ 感情労働によるストレス――人に疲れさせられることの大変さ

そのような時はクライエントを受容して、じっくりと時間をかけて話を傾聴します。クライエントが自身の言葉で、その怒りの気持ちを語れるように促します。すると今度は、私自身が同じような辛い気持ちになってしまうことがあります。また時には、カウンセリングが終わっても、この気持ちを引きずってしまうこともあります。辛い気持ちは怒りとなり、自分でも気づかないうちに怒りっぽくなったり、イライラしてしまったりします。

このような時には私も、この情動焦点型コーピングによって息抜きや、ストレスの発散をしてきました。これがうまくいかないと、ずっと辛い気持ちを引きずり続けるマインドワンダリングという悪循環に陥ります。たとえ忙しい生活の中であっても、そんな時は思い切って気持ちを「ＯＦＦ」の状態にする。意識的に休養を取ってみることも望まれます。

第４節　脳血管障害と失語症について
――脳が人の行動をコントロールしている

大脳皮質の**左脳の前頭葉**《ぜんとうよう》には、**運動性言語領野**《りょうや》（**ブローカ領野**）という部分があります。解剖生理学者・**ブローカ**（Broca, P.P. 1824-1880）が発見しました。この部分は言葉で表現する**運動性言語**機能を担当しています。また大脳皮質の**左脳の側頭葉**《そくとうよう》には、**感覚性言語領野**（**ウェルニッケ領野**）という部分があります。**ウェルニッケ**（Wernicke, C. 1848-1905）が発見しました。この部分は、言葉を聴いて理解する**感覚性言語**機能を担当しています。例えば脳血管障害により、これらの部分の血管に詰りが生じたり、血管が破れたりすると、これらの機能が十分に働かなくなる現象が生じます（図１－10）。

運動性言語領野に異常が生じると、言葉を聴いて理解することができても、発語や記述ができなくなります。これを**運動性失語症**と言います。すなわち言語の意味をインプット（入力）できても、アウトプット（出力）できなくなります。私が担当した50歳のある女性は、言葉を発することも、筆談することもできませんでした。すべて「あのね、あのね」となってしまいました。このように発せられる言葉を**残語**と言います。

また感覚性言語領野に異常が生じると、発語や記述ができても、言葉を理解することができません。したがってコミュニケーションが、ちぐはぐになってしまいます。言語を適切にインプットできないので、適切なアウトプットができないのです。これを**感覚性失語症**と言います。

このように人間の言動は、大脳における機能が働かなくなると影響を受けます。もちろん言語聴覚士（スピーチ・セラピスト）による、言語リハビリテーションを続けていくうちに、脳の周辺部分がその代理機能を果たしていくこともあります。しかし、そのダメージの程度によっては、回復が困難なこともあります。

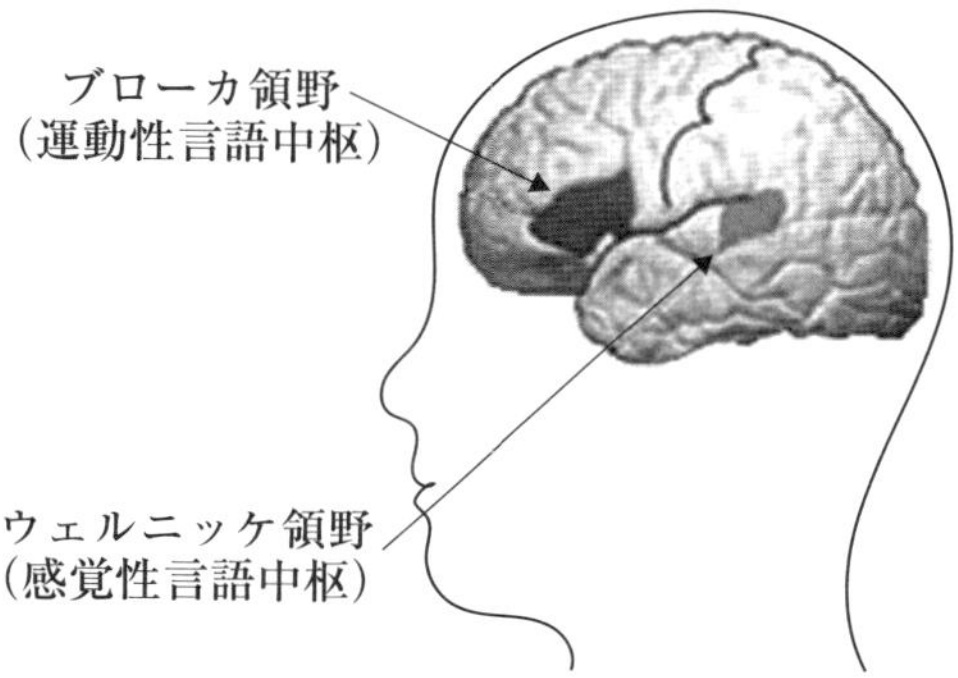

図 1-10　言語中枢

第Ⅱ部

応用心理学

基礎心理学を生かした心理学

私たちがふだん意識していないところで、じつはいろいろな心理学の理論が展開されています。それが応用心理学です。

応用心理学と言えば、「○○心理学」というくらい数えきれない種類があります。ここからは臨床心理学、発達心理学、社会心理学など、日常で役立つ心理学の理論と実践を解説していきましょう。

第1章　臨床・発達心理学

第1節　行動をどのように捉えるか――心理学は行動の科学

人間は日常生活において、自らが置かれている環境に適応していかなければなりません。ゲシュタルト心理学者の**レヴィン**（Lewin, K. 1890-1947）は、次のような定式を示しています。

B = f(P, E)

定式の文字は以下を意味します。B = Behavior（行動）、P = Personality（≒ person 人格）、E = Environment（環境）。

人の行動は、パーソナリティとその人が置かれている環境との関数（function）によって説明できる。それが**場の理論**です。

この場の理論の関数についてさらに考えてみましょう。P（Personality）の部分に焦点を当てることは、**臨床心理学**の観点に基づきます。不適応行動や症状に対しては、その人のパーソナリティからアプローチしていきます。

またパーソナリティは、誕生してから成長の過程で形成されていきます。そのプロセスに焦点を当てることは、**発達心理学**の観点に基づきます。一方でE（Environment）に焦点を当てることは、**社会心理学**の観点に基づきます。環境や状況において、人はどのような行動を取る傾向があるのでしょうか。

レヴィンのこの考え方は、先輩の**コフカ**（Koffka, K. 1886-1941）の心理的空間を発展させたものです。コフカはこの理論を旅人の例え話で説明しています。

旅人（P）は暗闇の吹雪の中で馬車を走らせていました。周囲は何も見えません。ただ遠くに宿の明かりが見えます。旅人はその目標に向かって、ひたすら進みました。

ところが旅人が選択したルートは、氷が張っている湖の上であり、非常に危険なものでした。しかし彼の心理的空間の中では、そのルートを安全な道（E）だと思い込んでいたのです。到着した宿の主からそのことを知らされ、自分が取った危険な行動（B）に驚き、旅人は卒倒してしまいました。もしも自ら選んだルート（E）が、氷の張っている湖の上であると知っていたら、彼はこのような危険な行動は取らなかったでしょう。

第2節　パーソナリティとは――構成概念で考える学問

人はそれぞれ独自のパーソナリティ（personality）を持っています。ある場面で同一の刺激を受けたとしても、同一の行動をとるとは限りません。例えば同じパーティ会場にいても、積極的にコミュニケーションをとる人もいれば、場の雰囲気にためらいがちな人や、黙々と飲食に専念する人まで様々です。

まず人間の不適応行動や症状をみていく前に、このパーソナリティについて考えてみましょう。**オールポート**（Allport, G.W. 1897-1967）は、パーソナリティを次のように定義しています。

パーソナリティは、個人の内部で彼特有の環境への適応（行動と思考）を決定する精神物理学体系の力動的機構である。

（G・W・オールポート、詫摩武俊ほか訳（1982）『パーソナリティ　心理学的解釈』新曜社、40頁）

パーソナリティは、日本語で人格と訳されます。しかし人格者という言葉があるように、別の価値観が入ってしまうこともあります。ここでは日本語に訳さず、そのまま「パーソナリティ」と用いることにします。類似する言葉にはキャラクター（character）があり、「性格・性質」と訳されます。また映画や漫画などの登場人物などもキャラクターと呼ばれます。しかし、これは表面的なイメージに焦点を当てた言葉の使い方です。

パーソナリティの語源は、ラテン語の**ペルソナ**（persona＝**仮面**）です。対人関係において人は、様々な仮面を付け替えて振舞うことがあります。つまり対人関係におけるこのような多面的な言動を総合的に理解する場合、それをパーソナリティと表現します。

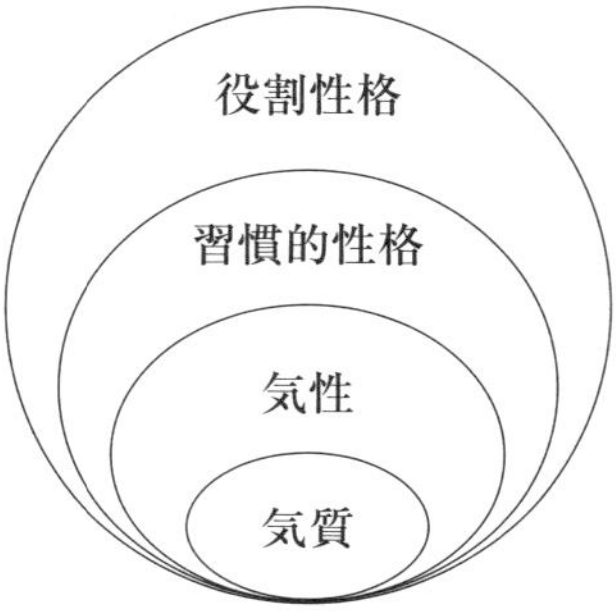

図 2-1　パーソナリティの同心円構造

宮城音弥（1981）『新・心理学入門』岩波新書

1　パーソナリティの理論

① パーソナリティの同心円構造 ――三つ子の魂百まで

宮城音弥（1908-2005）は、パーソナリティを同心円で表しています（図２－１）。

図のいちばん中心にある**気質**は、遺伝や体質と結びつきます。持って生まれた素質ですから、生涯変わりにくいものです。

その気質の周りには、環境に影響を受ける**気性**が形成されます。例えば「三つ子の魂百まで」という諺があります。子どもの時に得た性格は、年老いても変わらないという意味です。ここまでが**狭義の性格**と呼ばれて、なかなか変化しにくいと言われる部分です。

習慣的性格は、人が成長していく過程で、社会・文化的影響により、後天的に形成されます。態度や物事の考え方、価値観、興味なども含まれます。主に友人関係や学校生活、職場などを通して形成されます。前記の狭義の性格よりも変化しやすい部分です。

役割性格は先生らしさ、父親らしさ、社長らしさなどのように社会的・職業的な役割の中で形成されるものです。

私の学生時代のとある知人は、もともと内気で繊細な人でした。美術大学に進学して卒業後は、デザイナーを目指して広告会社に入社しました。しかし彼は、会社からもう少し社交性が必要だと判断され、最初の２年間は営業部に配置されることになりました。ところが彼は、優秀な先輩の営業マンと仕事をしているうちに、人と接することの楽しさを知りました。やがて営業の仕事を続けたいと希望するようになったのです。その後さらに経験を積んだ彼は、非常に優秀な営業マンになりました。

また彼はデザイナーのセンスを営業に生かしました。その専門的な営業によって、彼は高い評価を得ることになりました。彼のもともとの気質や気性、そして習慣的性格は、内気で繊細な芸術家肌でした。しかし営業の経験を積むことで、積極的で社交的な役割性格を獲得しました。このようにパーソナリティの**同心円構造**は、内気だった彼の足跡を例に説明できます。

②ロジャーズのパーソナリティ理論――傾聴の大切さ

ロジャーズ（Rogers, C.R. 1902-1987）は、人には**実現傾向**（actualizing tendency）があると言

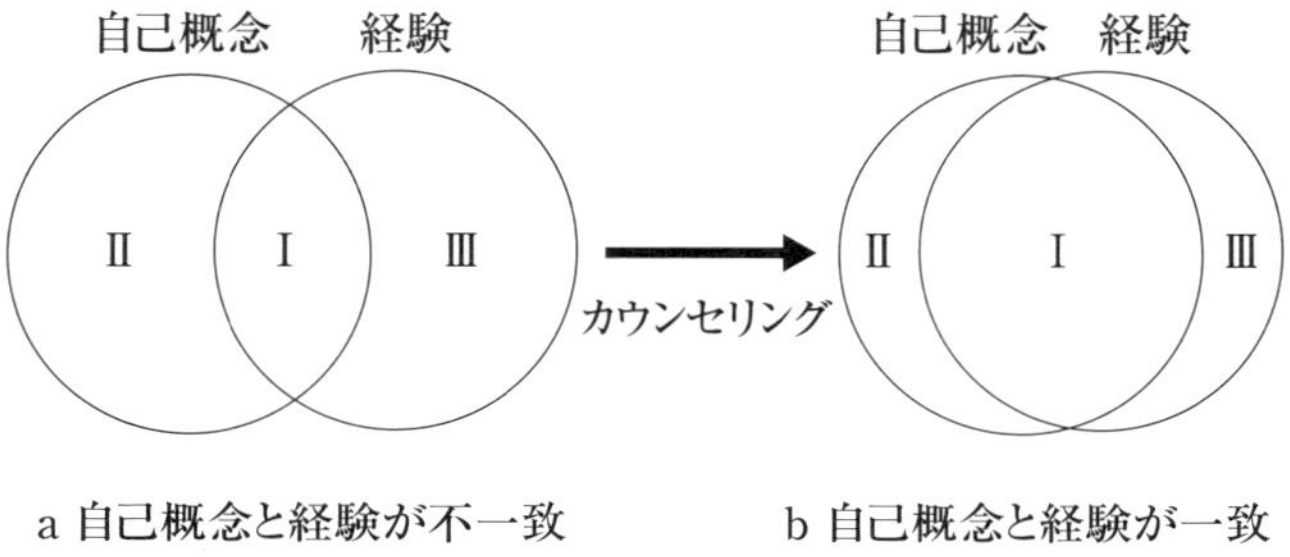

図 2-2　実現傾向について

います。実現傾向とは、自己の存在を維持しながら、自己を統一して、発展・成熟させてゆこうとする傾向です。この実現傾向は、自己概念と経験が一致すれば、十分に発現され促進されます。しかし不一致の場合には、不十分にしか発現されず阻害されます。

自己概念とは、自分は「このような人である」というイメージのことです。さらに**経験**（実際の行動）がこれに一致していると適応感を持てます。しかし自己概念が経験と不一致ならば、不適応感が強くなります。したがって、不適応感が強い人はカウンセリングを受けることが望まれます。自身のことをカウンセラーに言葉で伝えながら、自身でもそれを再認識していきます。クライエントは、自己概念と経験が重なる部分が増えていくことで、自己肯定感が増していきます（図2－2）。

③フロイトのパーソナリティ理論――無意識という概念

フロイト（Freud, S. 1856-1939）は、精神分析学を提唱した人物です。精神分析学では、無意識という概念がその中心となります。歴史を遡ると、心理学の起源は哲学です。その哲学の考察対象の一つが意識でした。自らも含めて人が何かを意識することが、哲学の始まりでした。

したがってフロイトが、無意識という概念を提唱したことは、とても画期的なことでした。

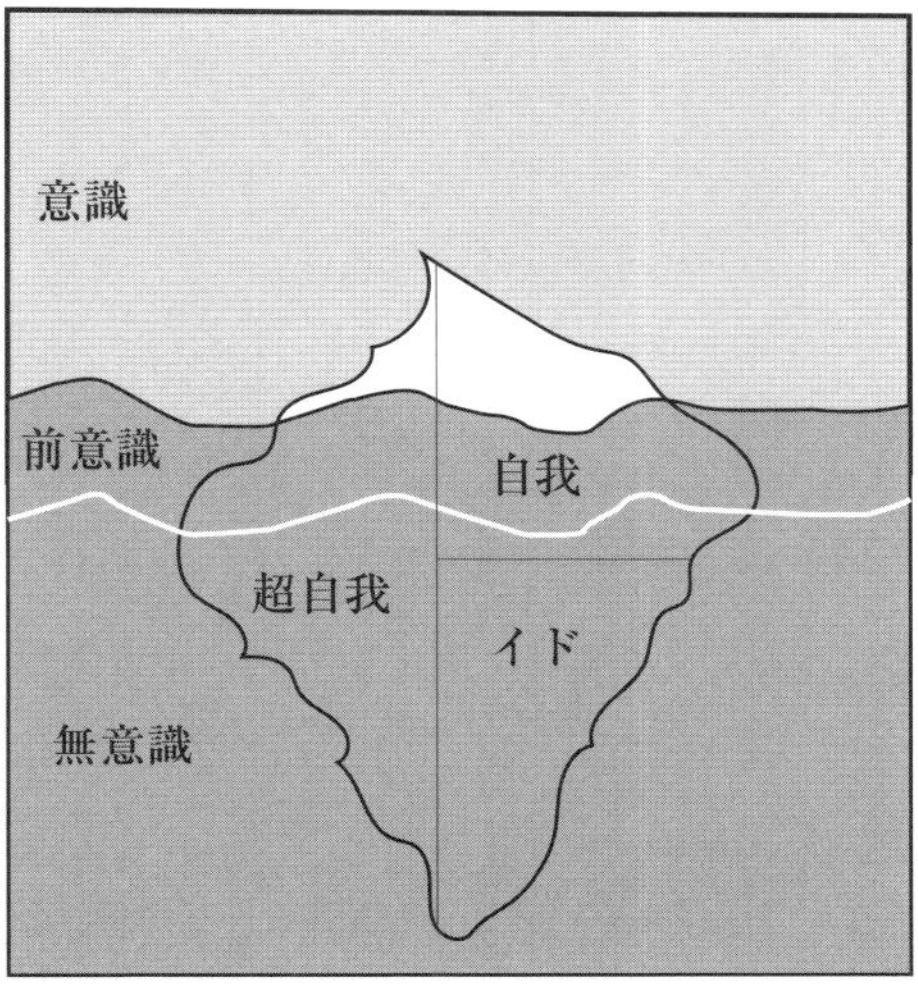

図 2-3　無意識という概念

局所論について
――意識・前意識・無意識

人間の意識の部分は、氷山の一角です。そのほとんどは**無意識**だとフロイトは言います。私たちは、自分自身の言動をすべて**意識**して、コントロールできているわけではありません。例えば嬉しい時に人は興奮のあまり、たとえ人前でも声を上げて飛び上がります。また信じられないような失敗や、失言をしてしまうこともあります。フロイトはこれらを**錯誤行為**と言っています。これらは無意識の働きから生じます。

また無意識には、全く思い出せない部分もありますが、その一方で少し内省すれば、思い出せる部分もあります。これを**前意識**と呼んでいます。これらの意識、前意識、無意識という概念をフロイトは**局所論**と呼びます（図2－3）。

構造論について――欲動・自我・超自我

局所論という構成概念だけであれば、精神分析はわかりやすいものです。しかしここに構造論というもう一つの構成概念が加わると、とたんに複雑になります。**構造論**とは**欲動**（id《イド》）、**自我**（ego）、**超自我**（super-ego）から成り立っています。

私たちは皆それぞれ「○○がしたい」「○○が欲しい」という欲動を持っています。これが**快楽原則**です。しかしその欲動の赴くままストレートな言動を行うと、社会の中で様々な問題や軋轢が生じます。そんな時は、とりあえず現実的な言動を選択します。これが**現実原則**です。そして自我はこの現実原則に沿った言動を行うように、欲動をコントロールします。

しかし人間は、現実原則に従うだけではありません。さらに道徳的で、崇高な目標を志すことがあります。それが**超自我**です。これらの欲動、自我、超自我は、複雑に絡み合いながら機能しています。

例えば、自我は欲動をコントロールするだけではありません。超自我もコントロールしています。あまりにも超自我が強すぎると、堅苦しくて、息が詰まる言動が多くなります。それでは付き合いづらいと言えるでしょう。また逆に欲動が強すぎると、不適応行動が生じてしまいます。

自我の働き——ほどよい調整が肝心

このように自我は、欲動と超自我を適度にコントロールする働きをしています。調子がいい時にはしっかりと働きますが、調子が悪くなってくることもあります。自我がしっかりと働いていることを、**自我強度**（ego-strength）と言います。一方で自我の弱体化が**自我脆弱性**（ego-weakness）です。自我脆弱性が強くなると、不適応行動や不安障害（神経症）の症状が生じます。

精神分析療法――局所論と構造論の合体のメカニズム

この構造論の仕組みは、人間が意識レベルで行っていることではありません。無意識レベルで行っています。うまくいっている時は問題ありません。ところが、うまくいかなくなった時は、自分自身に何が起こっているのかわからなくなります。何が自分自身にとって、ストレスや葛藤になっているか。それが自分では意識できないのです。したがってそれを意識化させるものが、**精神分析療法**です。そこで洞察が働き、自我脆弱性を回復して、自我強度が蘇ります。

夢のメカニズム――楽しい夢と嫌な夢

私たちは毎日いろいろな夢を見ます。夢はわかりやすいものもあれば、わかりにくいものもあります。いい夢もあれば、嫌なものや変なもの、気持ち悪い夢もあります。なぜなら夢は、現実原則に則ることが少ないからです。むしろ快楽原則に基づくものが多いのですが、それがストレートに表現されないからです。

美食や、素敵な異性とのデートなど、わかりやすく快楽原則を満たす夢もあります。しかし様々に変形していたり、圧縮されていたり、時間間隔が失われていたりすることが多いです。夢の中であっても自由に快楽原則は満たされません。様々な抑制がかかっていることのほうが多いのです。

快楽原則に基づく欲動（イド）に対して、道徳的な超自我は検閲を行います。また自我が現実原則を働かせようとすると、夢の中で悩んだり、後悔したりします。目覚めてから「夢でよかった」と安堵することもあります。

このような夢を見た時に私たちは、なんとも嫌な気分で目覚めます。そのことを自分自身の胸の中に留めておけません。親や親友などに、無性に話したくなります。しかし人に話しているうちに、何となくこのように考えるのではないでしょうか。つまり今日見た夢は、今の自分の状況や、文脈を象徴しているのではないかと。

防衛機制（適応機制）という概念——無意識で自分を守っている

そこでフロイトは、日常で自分を守る方法を説いています。しかしこの方法は意識下ではなく、無意識下で行われています。この**防衛機制**（defense mechanism）は、欲求不満や葛藤から生じる不安や緊張を解消します。そして心理的な平衡状態を取り戻して、安定化しようとします。これを前述した構造論や、局所論で説明すると次のようになります。

自我は無意識的・自動的にこの防衛機制を働かせます。欲動（イド）と超自我と外界からの要求を調整して、現実社会によりよく適応しようとします。しかしこの自我の機能は、自分を守るための受け身的なものだけではありません。能動的に調整・適応するための働きも行っています。むしろ**適応機制**（adjustment mechanism）と呼ぶのが相応しいとも言えます。この方法には、次に挙げるいろいろな種類があります。

防衛機制（適応機制）の種類――いろいろな自分の守り方

いちばん用いられるものは**抑圧**です。日常生活の中では、順調にいくことばかりではありません。うまくいかないことも多々あります。イライラしたり、腹が立ったり、嫌な気持ちになったり、落ち込んだりすることもあります。このようなネガティブな感情を抱く場面は、山ほどあります。

それでもいちいち心を奪われたり、思考停止したりしていては、やるべきことが果たされません。そのような時には、出来事に関するネガティブな感情を、意識からいったん無意識に抑え込みます。そして今やるべきことに取り組めるようにします。

次に述べる方法は、人によって用いられ方が違います。それによって、その人の特徴が表れるとも言えます。このような方法を**防衛的解釈**と呼ぶこともあります。

現実において私たちは、不安や恐怖を引き起こす、様々な外界からの苦痛に遭遇します。**現実否認**とは、それらを現実と認めないことです。例えば突然の事故で、最愛の息子を亡くした母親は、時にそれを現実と認めようとしません。生きていると信じ込みます。またひとり親家庭の小学生の女の子は、いつも一人で夕食を食べながら母の遅い帰りを待ちます。そんな時に心配する周囲の大人に対して、「ちっとも寂しくないもん」と言います。これも現実否認に当たります。

合理化とは自分を正当化することです。自分の行動に対して、本当の動機や意図を隠して、適当な口実や理屈を作り上げます。例えば、真剣に勉強して臨んだ資格試験に不合格になり、絶望の淵にいる状態を想像してみましょう。周囲からの同情に「試しに受けてみただけ」「本当に欲しい資格ではなかった」などと、思わずその場しのぎの強がりを言ってしまう場合です。またイソップ物語の酸っぱい葡萄の話は、そのものずばりです。

投射とは、相手のせいにすることです。例えば、母親が我が子を好きになれない時に、子どもが自分のことを嫌っている、と相手のせいにします。我が子を愛せない母親は大人げなく、世間体もよくありません。だから子どもが母親を嫌っていることにするわけです。

知性化は激しい情動に対して、知性を先行させることです。こうして情動を抑え込みます。

例えば、大きな事故で多数のけが人が出たとします。緊急医療の現場には、多くの患者が搬送されて、すさまじい状況です。一人ひとりの患者に対して、同情している余裕はありません。冷静沈着に、医療措置を施す順番を決めていかなければなりません。

反動形成とは、実際に感じている気持ちと反対の言動をとることです。例えばとても嫌いな人に対して、とても親切で丁寧な言動を行ったりします。周囲や相手に気持ちがばれないようにするためです。また小学生の男の子が、好きな女の子にわざと嫌がることをしたり、悪口を言ったりするのもそうです。自分の気持ちが、周りにわかってしまうことを隠すように振舞います。

置き換えとは、八つ当たりのことです。例えば学校で、テストの結果を教師から厳しく叱られた兄が帰宅します。虫の居所が悪い兄は、むしゃくしゃしたその気持ちを弟にぶつけてしまう場合がそうです。

昇華とは、抑圧された固有のネガティブな欲動を、社会的に認められるように高めることです。例えば喧嘩っ早く、傷害事件を繰り返していた少年は、少年院で自らのずば抜けた身体能力に気づかされました。それに磨きをかけ、退院後も練習に励み、やがてボクシングの日本チャンピオンになりました。これはその事例と言えます。

また**チャイコフスキー**（Tchaikovsky, P. 1840-1893）は、うつ状態の中で交響曲第６番「悲愴」を創作しました。**ゲーテ**（Goethe, J.W. 1749-1832）は、大失恋の失意の中で「若きウェルテルの悩み」を執筆しています。

第3節　発達論について

1 フロイトの発達理論（性欲論）——特徴的なフロイト理論（96頁・表２−２）

人間の生きる根底には、**リビドー**（**生の本能**）というエネルギーが働いている。フロイトはそのように言います。リビドーは人の発達段階で、いろいろな部位に集中します。この理論が**性欲論**です。次に挙げる３つが**幼児性欲論**です。幼児に性欲があるわけではありませんが、その集中する部位で快感を得ると考えられます。このようなフロイトの偏った性欲論は、世の中の誤解を招き、当時は疎んじられました。

またこれらの理論は、現代の子育て事情に当てはめることが難しい面もあります。しかし古典的な精神分析学の基礎となる重要な考え方ではあります。

①口唇期（乳児期）——安心しておっぱいが飲めたかな

生まれたばかりの赤ちゃんは、お母さんのおっぱいにむしゃぶりつきます。この時期には唇（口唇）にリビドーが集中して、唇で快感を得ています。フロイトはこの時期を**口唇期**《こうしんき》と呼びました。この時期に十分な愛着が得られないと、赤ちゃんは**トラウマ（心的外傷）**を受けます。十分に満たされると、人を信頼して甘えられるようになります。

0～2歳児が、保育園などで過ごすこともあります。しかしこの時期においては、基本的に養育者との関わりが大切になります。

②肛門期（乳幼児期）——安心してウンチが出せたかな

トイレット・トレーニングの時期には、肛門の括約筋が発達します。括約筋とは肛門を閉じる働きをする筋肉です。内括約筋と外括約筋があります。内括約筋は、自分の意思とは関係なく直腸に便が送られると、自然にゆるみ排便の準備をします。外括約筋は、意識的に締めたりゆるめたりできます。そしてこの時期には肛門にリビドーが集中して、肛門で快感を得るので、フロイトは**肛門期**と呼びました。この時期の子どもは、トイレがうまくできた時に親からほめられると嬉しく感じます。

③ 男根期（幼児期）――どうして男の子にはおちんちんがあるのかな

3年保育では、3歳くらいから集団生活が始まります。この頃から子どもは、徐々に他人のことも考えられるように成長し始めます。またそれが求められる機会も増えていきます。こうして人のことを意識し始めます。

男の子には男性器が、女の子には女性器がついています。それを見てお互いに不思議な感覚を持ち始めます。

フロイトの理論は男の子が中心となっています。それはフロイトが自分自身の体験を理論の中に盛り込んでいるからです。「女の子に男性器（男根）がないのは、どうしてだろう？」と男の子は考えます。それは「お父さんの言うことをきかなかったから、お仕置に男根を切断されてしまったからだ」と考えます。こうしてお父さんの言うことをきくようになると、フロイトは言います。このように男根にリビドーが集中することになるのです。フロイトはこの時期を**男根期**と呼んでいます。

エディプスコンプレックス――お父さんなんかいなくなればいいのに

男根期は、ちょうど子どもが親からしつけを受ける時期です。3歳頃までの子どもは、満たされている状態ならば、そこには母子の濃厚な**二者関係**が存在します。それは母子カプセルという比喩が当てはまります。

ところが、自分を満たしてくれていた母親に対して、違和感が生じます。邪魔が入るという感覚、それが父親の存在です。母子の二者関係に、父親が割り込み**三者関係**が生じます。母親は自分だけを愛していると思っていたけれど、そうではなかった。父親のことがいちばん好きだったのだ。子どもはそう思い始めます。

男の子はこの時に、父親の存在を煩わしく思います。しかし非力な3歳の男の子は、父親に勝てる力がありません。こうして男の子は悟ります。自分が父親に勝てるわけがない。無駄な抵抗はやめよう。母親にずっと愛してもらうためには、父親のようになろうと。

このような父親への強い葛藤は、父親と闘っても勝てないという諦めになります。そしてこの思いが、父親への同一視につながります。この父親を疎ましく思う葛藤が、**エディプスコンプレックス**です。この名称は、ギリシャ神話のエディプス王の物語から命名されています。

④ 潜伏期（児童期）――思う存分やりたいことができたかな

男の子はこのエディプスコンプレックスを克服して、いったん落ち着いた状態を取り戻します。フロイトは、この時期を**潜伏期**（**児童期**）と呼んでいます。これまでは口唇、肛門、男根という部位に、リビドーが集中していました。そのリビドーの集中（幼児性欲）が潜伏するという意味です。

これらのリビドーが十分に満たされないと、トラウマになると考えられています。しかしそのトラウマも、いったんは潜伏します。

この潜伏期は、小学校の時期に当たります。子どもたちは何事にも縛られず、のびのびと自由に生きていくことができる時期です。フロイト以外の学者でも、児童期がもっとも幸せな時期だと発言しています。

⑤ 性器期（青年期）――子どもから大人への過渡期

ところが残念ながら、この幸せな潜伏期は永遠には続きません。やがて思春期に入ると崩れます。この激しく不安定な時期の心の状態が**思春期心性**です。またこの現象を、**児童期の崩壊**とも言います。思春期は子どもから大人への過渡期です。**第二次性徴**という心身ともに大きな

表 2-1　思春期心性の特徴

（1）自己中心性，（2）強い主観性，（3）可塑性に乏しい，
（4）両極性，（5）激しい情動変化，（6）精神視野狭窄，
（7）群居性と排他性，（8）著しい攻撃・依存・自立・反抗，
（9）他者評価優先，（10）自他の比較，（11）多面性，
（12）秘守，（13）脆弱性と柔軟性，（14）即行，
（15）刹那的（現在＞将来），（16）反応安全域の狭さ，
（17）低い耐性，（18）被影響性（模倣・取り入れ・共生），
（19）共感性に乏しい，（20）他罰性

佐藤泰三（1998）「児童・思春期のこころの悩み、
成り立ちの理解と対応」『月刊学校教育相談』12（2）

変化が生じる時期です。

表２－１には、この時期の特徴が記されています。思春期心性とは、一時期的に不安定で、異常な状態と言っても過言ではありません。とても自分のことが気になります。周囲への柔軟な対応ができず、極端な言動が増え、情動の変化が激しくなります。見た目は大人ですが、まだまだ精神的にも、経済的にも自立はできていません。そのギャップにいらいらして、親や教師に反抗的になります。

一方で、周りからの評価が気になり、他者からの影響を受けます。自分がどういう人間なのか、わからなくなることもあります。将来の見通しが持てないことに我慢ができません。しっかり考えずに行動してしまい、自己嫌悪になることもあります。居場所を見つけられず、不安定になることもあります。

トラウマは、前段階の潜伏期には抑圧されていました。ところが思春期心性の時期には、**行動化**（**アクティングアウト**）されます。こうして思春期病理の症状が表れます。**思春期病理**は不登校やひきこもり、摂食障害、非行などの不適応行動として表れます。

この段階は子どもから大人への過渡期です。思春期心性の中で生じてくる様々な課題を克服し、大人へと成長していきます。フロイトの発達論はこの段階で終了です。それに対して弟子のエリクソンは、成人期の後を生涯発達と捉えているのが特徴的です。

対人関係の発達

発達心理学において性器期は、青年期になります。フロイトの弟子である**H・S・サリバン**（Sullivan, H.S. 1892-1949）は、対人関係の発達論を提唱しています。**児童期**（**潜伏期**）では、同性で徒党を組む**ギャング・グループ**（gang group）を形成します。次に**青年期**（**性器期**）の入り口である**思春期**（**青年前期**）では、同性の親密な二者関係である**チャム・グループ**（chum group）を形成します。この二者関係は、対人関係の基盤となる大切な関係です。しかしお互いに、思春期心性を持つ特徴から、精神的には自他未分化の不安定な要素が多分にあります。その後、**青年期後期**（高校２年生頃）になると、お互いが支え合える安定した関係である**ピア・グループ**（peer group）に成長していきます。

２ エリクソンの発達論（96頁・表２－２）

エリクソン（Erikson,E.H. 1902-1994）は、師匠のフロイトの性的な観点に偏った発達理論を心理社会的なものにしています。フロイトの理論は青年期の発達段階を経て、成人期で終わっています。それに対してエリクソンは、人間の発達は成人期の後も続く生涯発達だと言います。ライフスタイルの中でピークを過ぎた人間は、円熟・老練していきます。やがて衰退・喪失した人間は一生を終えます。またエリクソンは人生を、８つの課題を克服しながら発達していくと述べています。

①信頼　対　不信――人を信頼できるための課題

最初の課題は「**信頼か不信か**」です。フロイトの性欲論では口唇期に当たります。新生児は母から十分な授乳を受けることで、最も重要な**基本的信頼感**を獲得します。これが満たされないと、人間に対して**不信感**を持つようになります。

新生児が欲する時に母親が抱っこして、見つめながら授乳することが、この条件を満たすことになります。また決まった時間に、物理的に一定量のミルクを摂取するようなビジネスライクな授乳だと、十分な基本的信頼感は得られなくなります。

例えば事情があり、生まれながらにして施設で育った場合です。このような授乳を受けると、**ホスピタリズム（施設病）**や**マターナル・デプリベーション（母性剥奪）**になる可能性があります。

この課題は「全か無か」という極端なものではありません。例えば満たされた割合が80％の人もいれば、30％の人もいます。満たされた程度によって、トラウマになる割合も異なります。その時に十分に満たされなかったとしても、その後に遅れて満たされることもあります。

② 自律　対　恥・疑惑――安心してウンチが出せたかな

2番目の課題は「**自律か恥・疑惑か**」です。フロイトの肛門期に当たります。トイレット・トレーニングには個人差があります。この時期の子どもには、過剰なストレスを与えずにトレーニングすることが大切です。一朝一夕には獲得できないことでもあります。

失敗した時に怒ったり、怒鳴ったり、迷惑そうにしてはいけません。「恥や疑惑」を感じて、子どもの**自尊心**が傷つけられます。その一方で、うまくできた時には褒めてあげます。すると次も「うまくできるようになりたい」という意欲が生じます。こうして自分をコントロールできる**自律**の感覚を獲得することができます。

③ 自主性　対　罪悪感――柔軟なしつけをするための課題

３番目の段階は「**自主性**か**罪悪感**か」です。３歳頃になると、幼稚園や保育園に通うようになります。それまでは家の中で、自分中心の生活を送ってきました。ところが集団生活では、日課やルールに従います。また自分のことだけでなく、友達のことも考えなければなりません。それを無視すると、自分勝手でわがままだとみなされます。注意や指導を受けることもあります。また家の中でも、外と同じようなしつけを受けます。こうして子どもたちは、年齢に応じた集団生活のルールを守れるようになります。

時に子どもは、親や幼稚園（保育園）の先生の目が届かないところで、集団のルールを無視することがあります。その時に見つかって叱られると、徐々にその意味を理解して、「もう次からこのようなことはしない」と思えるようになります。こうして自主性が芽生えます。大人はこうした子どもの自主性を褒めるべきです。

しかし子どもは、もっと巧妙にしつけやルールを無視することもあります。この場合には「もし見つかったらどうしよう」という**罪悪感**が生じます。大人はそのような子どもを、さらに厳しく叱り、「悪い子」というレッテルを貼ってしまいがちです。叱る行為がエスカレートすることには、注意が必要です。虐待のような、不適切な行為になってしまうこともあります。

ピアジェによると、この就学前の３～６歳の時期は、知的発達の面で大きな節目に当たります。３歳児はまだ自分のことしかわかりません。**自己中心性**という特徴を持っています。ところが徐々に成長し、５歳くらいになると、他人の立場に立てるようになります。人の視点から物事を見たり、考えたりすることができるようになります。これを**脱中心化**と言います。脱中心化の知的発達レベルになると、「自分がやりたいことは、他の子どももやりたい」とわかるようになります。こうして順番を守ったり、場をわきまえたりできるようになっていきます（91頁・②前操作期）。

④　勤勉　対　劣等感――子どもの意欲を促進するための課題

４番目の課題は「**勤勉性**か**劣等感**か」です。児童期（小学生の時期）には、いったん幼児期のトラウマが潜伏します。したがって表面上では、比較的のびのびと幸せに過ごせる時期です。

この時期は知的好奇心も旺盛になります。親や大人には、この時期の子どもの意欲を促進させる姿勢が求められます。すると子どもたちは、自分の可能性に挑戦していけます。こうして**勤勉性**が育まれます。

一方で親や大人は、この時期の子どもの意欲を削いではいけません。それを繰り返すと、子どもは諦めの境地とともに、**劣等感**を抱くようになります。例えば「そんなことはやらないでいい」、「頭がよくないから無理だ」、「運動神経が悪いからやっても無駄だ」などの発言は、子どもの自尊心を否定することにつながります。

大人にもいろいろな事情はあるはずです。それでもできるだけ親や大人は、子どもの希望を叶えるような働きかけを繰り返しましょう。その中で子どもは、いろいろなことに安心してチャレンジできます。そして勤勉性の結果、知識や技術を習得して、承認欲求が満たされるようになります。さらに自尊心や自己肯定感が育まれ、自己実現への第一歩を踏み出していけるのです。

⑤同一性確立　対　同一性拡散――子どもから大人になっていくための課題

5番目の課題は「**同一性確立**か**同一性拡散**か」です。この時期に子どもは中学校に進学します。中学生になると青年期の入り口（**青年期前期**）になります。この時期が**思春期**です。思春期は思春期心性に突入して、子どもから大人への過渡期になります。第二次性徴が生じて、心身ともに大人になっていきます。

近年は**成長加速現象**や**成熟前傾《せいじゅくぜんけい》現象**が続いています。成長面では、子どもから大人になる時期（小学校４～６年くらい）が前傾しています。この早い思春期の訪れを**前思春期**と呼ぶことがあります。この時期には第二次性徴に伴う初潮や、精通を経験します。性的な成熟や身体的な成長が早くなり、男性ホルモン、女性ホルモンが発達します。身長が伸び、体重は増加して、外見は大人の体つきや風貌になっていきます。しかし心理的・経済的には未だ自立できていません。親や教師などの大人に依存しています。この状況に当人も、親や周囲の大人たちも、漠然とした戸惑いや違和感を隠しきれなくなります。

思春期病理ではひきこもり、いじめ、不登校、摂食障害、非行などの不適応が生じます。また子どもは内的な戸惑いの中で、親や教師など大人への**第二次反抗期**が始まります。こんな時こそ親や教師など大人たちは、混乱する子どもたちを懐深く見守っていく必要があります。

この不安定な状態は、思春期心性という一過性のものです。生涯にわたって持続するものではありません。地道に粘り強く関わっていくことが求められます。短気を起こして、子どもたちを見放してはいけません。拠り所のなくなった子どもたちは暴走して、さらなる悪循環に陥ります。このような状態が**自我同一性の拡散**です。

また悩みに悩んだすえに、路頭に迷うこともあります。高校や大学を卒業しても定職に就かず、フリーターや**ニート**（Not in Education, Employment or Training）になることもあるでしょう。これも自我同一性拡散ですが、**モラトリアム**（**猶予期間**）と言われています。

思春期心性の言動を理解していくためには、子どもたちとしっかりと向き合わなければなりません。子どもたちはそんな大人たちの支えの中で成長します。これまでの自分を振り返りながら、将来の進路を選択していこうとします。

これらの課題は、子どもから大人になる過渡期に避けて通れません。試行錯誤しながら、時間をかけてこの課題をクリアできた青年は、**自我同一性確立**を達成できたことになります。

ところで政治家や伝統芸能の家元など、世襲によって受け継がれていく職業なら、すでに将来へのレールが敷かれていることもあります。そのような境遇の子どもたちは、思春期心性で直面する課題に悩むことも少ないかもしれません。これは**早期完了型**と呼ばれています。

⑥ 親密　対　孤立――人と力を合わせていくための課題

６番目の課題は「**親密か孤立か**」です。青年期を過ごすと、やがて成人期を迎えます。社会人になり、仕事に就きます。親密性を培ったパートナーと結婚をして、子どもにも恵まれることでしょう。人間は一匹狼では生きていけません。常に人と力を合わせることで、はじめて社会人として生活ができます。この課題が**親密**です。この生き方ができないと社会人としてうまく適応できず、**孤立**してしまいます。

⑦ 世代性　対　自己陶酔――人を育てていくための課題

７番目の課題は「**世代性か自己陶酔か**」です。夫婦に子どもができると、これまでの家事に子育てが加わります。次世代の誕生は、その親たちの発達課題の中で、今度は子どもたちの発達課題が生じることになります。この**家族のライフサイクル**は、子どもが成人して世帯を持つと、また次のライフサイクルに繋がります。このようにプライベートで、子どもができれば子育てをします。さらに仕事で管理職になれば部下を育成します。いつまでも「私はすごいでしょ」と、自分のことだけをアピール（**自己陶酔**）しているわけにはいきません。また人を育てるというテーマ（**世代性**）を持つことも求められます。

⑧ 統合　対　絶望――自分の人生を振り返るための課題

8番目の課題は「**統合か絶望か**」です。老年期になると、自身の人生を振り返ることになります。非の打ちどころのない、完璧な人生などありえない。私は常にそう思っています。これまでの人生が、「まあまあいい人生だった」と思えるなら、**統合**と言ってよいでしょう。しかしこれまでの人生に対して過度にひがんだり、いじけたりするのなら**絶望**に陥ってしまうことになります。

3　ピアジェの知的発達理論（96頁・表2－2）

ピアジェ（Piaget,J. 1896-1980）はスイスの発達心理学者です。ピアジェは子どもの知的発達に関する理論を展開します。彼はフロイトやエリクソンとは面識がありませんでしたが、ここで紹介する彼の発達論の区切り方は、フロイトやエリクソンのそれとほぼ一致しています。

① 感覚運動期――周囲への関心と働きかけ

乳児は生後、徐々に目が見えるようになり、外界に働きかけます。目で見たものを手で触り、掴むようになります。首や腰が安定すると、腹ばいやハイハイで移動できるようになります。こうして行動範囲も広がっていきます。

例えば赤ちゃんは、玩具のモビールなど動いている物に触れてみたくなります。揺れ方に変化が出ると、それを何回も繰り返します。目で見たものに手で触れてみる一連の動作は、**目と手の協応**と言います。このような時には、身体的な発達と同時に、知的・精神的な発達が生じています。脳には**シナプス**（**神経伝達経路**）が張り巡らされています。

生後９カ月くらいになると、目の前の物が隠されても見えていないだけで、存在することがわかるようになります。「いないいないばあ」遊びが楽しめる時期です。このような能力を**永続性の原理**と言います。目で見る、耳で聴く、手で触るなど、いろいろな機能の枠組みを**シェマ**（schema）と呼びます。

②　前操作期――人の立場にたてるかな

この時期の子どもは、まだ自分のことしかわかりません。これが**自己中心性**です。自分が知っていることは、人も同じように知っていると思います。しかし徐々に、必ずしもそうではないことがわかっていきます。これが**脱中心化**です。このような時期を**前操作期**と言います。

このことは１９７８年に霊長類学者・**プレマック**（Premack,D. 1925-2015）と**ウッドルフ**（Woodruff, G.）によって、論文「チンパンジーは心の理論を持つのか?」で**心の理論**（Theory of Mind）として提唱されました。そして後に、発達心理学の分野で研究が進みました。すなわち自分と他人には、それぞれ独立した異なる状態の「心」がある。またそれを推測できる能力があるということです。

哲学者の**D・デネット**（Dennett,D.C. 1942-2024）は「心の理論」の有無を調べるには、誤信念を理解できる能力が必要だと提唱しました。**誤信念**とは、他人が自分とは違った情報、考え方や感じ方を持つことです。すなわち相手の立場や気持ちになって、相手の言動が理解できる能力のことです。

１９８３年に**H・ヴィマー**（Wimmer,H.）と**J・パーナー**（Perner,J.）により、**誤信念課題**（false belief task）が開発され、具体的な発達的研究が始まりました。その後は、自閉症児を対象とする研究にも広がっていきました。さらに１９８５年には、**S・バロン・コーエン**（Baron-Cohen,S. 1958-）により、**サリーとアン課題**が提唱されました。簡単に説明をすると次の通りです。

サリーとアンは最初、同じ部屋にいます。部屋にはサリーのバスケットと、アンの箱が置かれています。最初にサリーがビー玉をバスケットに入れます。その後サリーは部屋の外に出ていきます。その間にアンはビー玉を自分の箱に移動します。最後にサリーが部屋に戻ってきて、ビー玉を取り出そうとします。そこで子どもに次の3つの質問をします。

1　サリーはどこを探すと思いますか？（サリーの信念を問う質問）
2　ビー玉は今どこにありますか？（現実の状態を確認する質問）
3　最初にビー玉はどこにありましたか？（記憶に関する質問）

3歳児の多くは質問1に対して、アンの箱と答えます。3歳児にはビー玉が今、アンの箱にあるという現実と、「ビー玉はバスケットに入れておいた」というサリーの信念が異なることを理解できません。一方で4～5歳児の多くは、バスケットと答えます。

③ 具体的操作期――具体的に物事が考えられるかな

小学校に入る頃になると、物事を具体的に考えることができるようになります。例えば、同じ大きさのビーカー2つに、同じ量の水が入っています。**前操作期**の子どもがいる前で、同じ量の水であることをはっきりと確認します。次に一方を、細長いビーカーに移し替えます。すると細長いビーカーの水は最初のビーカーよりも、水が達するメモリの位置が高くなります。

そこで前操作期の子どもに、「どちらのビーカーの水が多いかな?」と質問します。すると子どもは、「細長いビーカーの水のほうが多い」と答えます。その理由を尋ねると、子どもは「細長いビーカーの水のほうが高いから」と言います。

大人であれば同じ量の水を移し替えたのだから、同じ量だとわかるはずです。しかし前操作期の子どもは、見た目に左右されてしまいます。ここが理解できるようになると、**量の保存の原理**を身につけたことになります。

次に、上と下に5つのおはじきが並べてあります。前操作期の子どもにどちらが多いか質問してみます。すると「同じ」と答えます。次に下のおはじきの間隔を少し広げて、並び変えてみます。そして前操作期の子どもに、「上と下、どちらのおはじきが多い?」と質問します。すると「下のほうが多い」と答えます。理由を尋ねると、「下のほうが長いから」と説明しました。

大人であれば、数は同じだとわかるはずです。下はおはじきを並べる間隔を広くしたから、長く見えるだけです。つまり同じ数なのに、見た目に影響されてしまったわけです。ここが理解できると、**数の保存の原理**を身につけたことになります。

このように小学校では、少しずつ物事を具体的に考えられるようになります。例えば算数なら植木算、鶴亀算などです。また計算式では四角の空欄を使いながら、その中身を考えていくことができます。このような時期が**具体的操作期**です。

④ 形式的操作期——抽象的な考え方ができるかな

中学1年になると、負数の概念が登場します。例えば東に移動すればプラス、西に移動すればマイナスというように、数直線上で正負の概念を勉強します。現実世界に「−1」は存在しません。しかしこの抽象的概念を理解することは、連立方程式を解くことに役立てられます。この思考は、理数系の問題を解答するだけではありません。文系の分野にも展開されます。例えば、具体的な対象が存在しない観念だけの世界、つまり哲学における形而上学的な思考などにも応用されます。

４ 三者の発達論について——３人の学者の共通性

フロイト（1856～1939）とエリクソン（1902～1994）は師弟関係でした。師匠であるフロ

表2−2　発達段階の表

発達段階	年齢	フロイト（精神性的発達）	エリクソン（心理社会的発達）	ピアジェ（知的発達）	特徴
乳児期	0〜1・5	口唇期	信頼　対　不信	感覚運動期	永続性の原理
幼児期	1・5〜3	肛門期	自律　対　恥・疑惑	前操作期	自己中心性
	3〜6	男根期	自主性　対　罪悪感		脱中心化
児童期	6〜12	潜伏期	勤勉性　対　劣等感	具体的操作期	保存の原理
青年期	12〜20	性器期	同一性確立　対　同一性拡散	形式的操作期	
成人期	20〜40		親密　対　孤立		
壮年期	40〜65		世代性　対　自己陶酔		
老年期	65〜		統合　対　絶望		

イトの理論は、性的（セクシャル）な観点にこだわっていたため、当時の社会では物議を醸しました。そのため弟子のエリクソンは、それを社会に受け入れられる工夫をしました。したがって二人の発達理論における節目は一致しています。

ピアジェ（1896～1980）はこの二人とは面識がありませんでした。ピアジェは子どもの知的発達の観点から、発達論を唱えました。しかし節目の区切り方は、フロイトとエリクソンの理論とほぼ一致しています。そしてこの子どもの発達には、結果的に大きな関連性がみられることがわかります（表２－２）。

５ 家族ライフサイクル――個人の発達と家族のライフサイクルの関係

これまで、個人の発達について解説してきました。しかし親と子どもの個人の発達は、家族というシステムの中で育まれます。そこから相互関係が生じて、**家族ライフサイクル**のステージが経過していきます。ここではその様子を見ていきましょう（表２－３）。

この表の下段は、エリクソンによる個人の発達理論が記されています。ここには親（第１世代）の発達段階と、子ども（第２世代）の発達段階が記されています。それぞれ個人の発達課

表2－3　家族ライフサイクル（結婚し、子どもがいる家族の場合）

ステージ		家族システムの発達課題	個人の発達課題
1	家からの巣立ち（独身の若い成人期）	源家族からの自己分化	親密性 vs 孤立 職業における自己確立
2	結婚による両家族の結合（新婚期・家族の成立期）	夫婦システムの形成 実家の親とのつきあい 子どもを持つ決心	親密性 vs 孤立 友人関係の再編成
3	子どもの出生から末子の小学校入学まで	親役割への適応 養育のためのシステムづくり 実家との新しい関係の確立	世代性 vs 停滞 第2世代　基本的信頼 vs 不信 自律性 vs 恥・疑惑 自主性 vs 罪悪感
4	子どもが小学校に通う時期	親役割の変化への適応 子どもを包んだシステムの再調整 成員の個性化	世代性 vs 停滞 第2世代　勤勉さ vs 劣等感
5	思春期・青年期の子どもがいる時期	柔軟な家族境界 中年期の課題達成 祖父母世代の世話	世代性 vs 停滞 第2世代　同一性確立 vs 同一性拡散

6	子どもの巣立ちとそれに続く時期 家族の回帰期	夫婦システムの再編成 成人した子どもとの関係 祖父母世代の老化・死への対処	世代性 vs 停滞 第2世代　親密性 vs 孤立 （家族ライフサイクルの第一段階）
7	老年期の家族の時期 家族の交替期	第2世代に中心的な役割を譲る 老年期の知恵と経験を包含	統合 vs 絶望 配偶者・友人の喪失 自分の死への準備 第2世代　世代性 vs 停滞

題は重なりながら、展開されます。中段には、ライフサイクルのステージ（上段）に応じた**家族システムの発達課題**が提示されています。家族システムも必要に応じて、変化しながら成長していきます。

まずステージ1・**家からの巣立ち**（独身の若い成人期）です。子どもは実家を離れて、社会人になります。次のステージ2・**結婚による両家族の結合**（新婚期・家族の成立期）では、パートナーを見つけ結婚します。それぞれの異なる家族の文化を背景にもつ夫婦が、一緒に生活を始めます。こうして新しい夫婦の文化が形成されていきます。夫婦は双方の実家との繋がりを維持しながら付き合っていきます。

ステージ３・**子どもの出生から末子の小学校入学まで**で、夫婦は子どもに恵まれます。共働きで子どもを育てていくなら、夫と妻の双方が家事と育児の分担をします。専業主婦（主夫）になることもあるでしょう。このとき親の課題は、**親密** vs **孤立**（社会人への適応）から、**世代性** vs **停滞**（親や上司への成長）に変わります。子どもの課題は**基本的信頼** vs **不信**（適切な愛着形成）から**自律性** vs **恥・疑惑**（トイレット・トレーニング）、**自主性** vs **罪悪感**（しつけの受け入れ）へと変わっていきます。

ステージ４・**子どもが小学校に通う時期**で、子どもは自分の家庭を他の家庭と比較できる能力を身につけます。また親にその疑問を質問するようになります。親は子どもたちの成長を受け入れて、しっかりとその疑問に応えるようにします。このステージでは、子どもとの適切な対話が必要です。また夫婦で話し合える関係性（**夫婦連合**）も求められます。子ども同士で仲良くする関係性（同朋連合）も形成されます。

夫婦連合が持てずに、一方の親が子どもと必要以上に強く結びつくことを、**母子密着**あるいは**父子密着**と呼びます。さらに親子の世代間境界がなくなると、夫婦と親子との関係がアンバランスになります。この関係が**三者関係化**（triangulation　**トライアンギュレーション**）です。

このような時、夫婦はしっかりと話し合わなければいけません。さらに子どもたちには家族

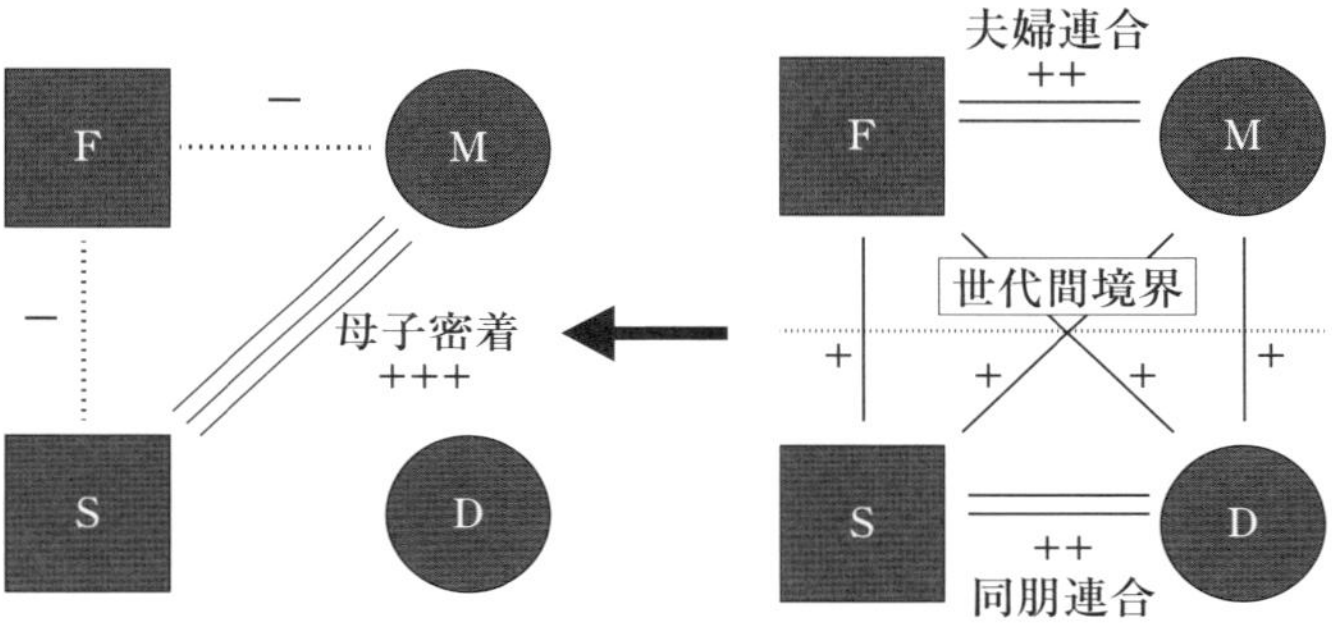

図 2-4　夫婦連合と世代間境界

の事情を説明して、理解を求めます。

三者関係化とは、三者の関係が、「+、−、−」になることです。これは社会心理学者のハイダーが述べているバランス理論に基づいています。三者の関係がすべて「+」であれば、**安定関係**で問題はありません。しかし三者関係化が生じると、**膠着状態**に陥ってしまいます（142頁・図2−10）。

例えば、父母の関係が不安定な「−」の場合に、子どもが父母との関係を「+」に維持しようとすると「+、+、−」の関係になります。これは子どもが間に挟まれる不安定な三者関係なので、子どもはストレスを抱えます。すると子どもは一方の親と密着関係になります。そしてもう一方の親とネガティブな関係になることで、とりあえず膠着した三者の関係である「+、−、−」に落ち着きます。この状態が**三者関係化**です。異性関係の親子が密着することで、三者関係化が起こることが多いと言われています（図2−4）。

さて、ステージ5・**思春期・青年期の子どもがいる時期**は、家族のライフサイクルでいちばん大変なステージです。なぜなら**人生における三大危機**が重複するステージだからです。子どもたちは思春期となり、子どもから大人に成長する過渡期（**思春期危機**）です。親には、職場におけるストレスやリストラなど、経済的な問題が生じます。また身体的には更年期が近づき、ホルモンバランスが崩れたり、自律神経が不安定になったりします（**中年期危機**）。また祖父母は老年期になり、周囲の支援が必要になる場合も出てきます（**老年期危機**）。

この時期の子どもたちは、第二次性徴により思春期心性の不安定な精神状態です。思春期病理が生じることもあります。例えばひきこもり、不登校、摂食障害、非行など、いろいろな症状や行動が起こります。こうして親は中年期危機にもかかわらず、子どもの思春期危機と、祖父母の老年期危機の2つにも対処しなければなりません。

私は大学の教員になる前、家庭裁判所調査官を20年間務めました。この時期における親の三大危機の事例を目の当たりにしてきました。だからこそ少年の親のサポートをすることの大切さを実感しています。

何とか非行を止めようとするばかりに、暴言や暴力など、子どもに対して行き過ぎた不適切な対応をしてしまうことがあります。しかし、そのような方法は事態を悪化させ、問題をますますエスカレートさせます。このような現象を**悪循環**と呼びます。ところが当事者たちは、自分たちのこの悪循環には気付かないことが多いのです。そこで第三者が、適切に介入していくことが求められます。

大変だったステージ5の後には、ステージ6・**子どもの巣立ちとそれに続く時期　家族の回帰期**がやってきます。これまで夫婦の中心には子どもが存在していました。ところがその子どもが巣立つと、日常生活において、夫婦は直接向き合う必要に迫られます。それが困難な夫婦は、**中年期の離婚**に発展することもあります。

そんな時、成人した子どもとの関係維持や、老化していく祖父母の世話は、夫婦にとって共通の目的になります。こうして関係を保っていけることもあります。この時期を機に、次のライフステージが始まります。

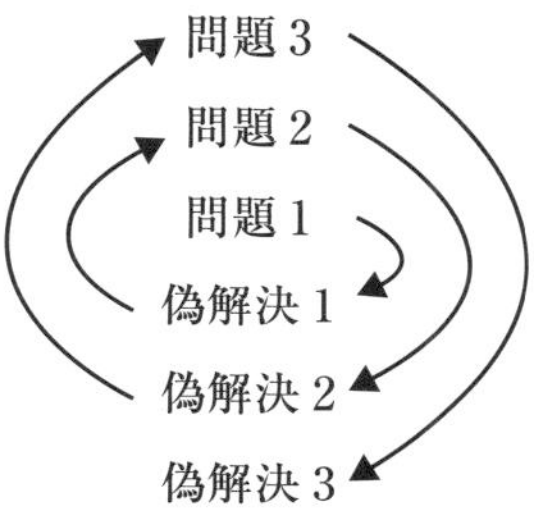

図2-5　悪循環とは

こうして親（第1世代）は、家族ライフサイクルの最終段階であるステージ7・**老年期の家族の時期　家族の交替期**を迎えることになります。第2世代に中心的な役割を譲り、老年期の知恵と経験を活かしながら、生活を送っていきます。

例えば孫ができれば、第2世代の子育てを支援します。孫との関わりも楽しむことができるようになります。自分たちは第一線を離れ、外から若い世代を見守る存在になれると理想的です。

最終ステージでは自分の人生を振り返り、「まあまあのいい人生だったな」と思えるくらいが、ちょうどよいさじ加減ではないでしょうか。すると自身の人生を**統合**することができます。完璧な人生などありえません。逆に「何もいいことがない」「つまらない人生だったな」と極端にネガティブになると、**絶望**してしまいます。

この時期には、ともに人生を歩んできた友人や、長年連れ添った配偶者が亡くなり、大きな喪失感を体験することになります。アメリカの社会心理学者である**ホームズ**（Holmes, T.H）と**レイ**（Rahe, R.H.）は１９６７年にアンケートを行い、人生での最大のストレスは**配偶者の死**であることを証明しています。

この大きなストレスは、自身に対する死への不安に繋がっていきます。このような時に第２世代である子どもたちは、第１世代である親を精神的に支えていかなければなりません。しかし「頑張れ！　しっかりしろ！」と励ますのではありません。「誰だってそうなる。辛いね」と、その状態を受け止めてあげることで、親は安心できるようになります。

第４節　心理テストについて

１ 心理テストの種類——いろいろな心理テスト

心理テストには質問紙法、作業検査法、投映法の３種類があります（表２−４）。

① 質問紙法——質問に答えながらパーソナリティを見る

世の中にはいろいろな心理テストが存在します。ネットを検索すると、オンラインで様々な心理テストを受けることができます。その多くは、いくつかの質問に回答することで、データに基づいた自身のパーソナリティの属性を見ることができます。この方法が**質問紙法**です。個別でも集団でも実施できます。

しかしこの方法では自分をよく見せようとして、社会的に望ましい回答をしてしまう場合があります。回答はできるだけ、本来の自分を正確に反映させなければいけません。

よく用いられるものは**エゴグラム**、**YG性格検査**などです。精神疾患の可能性を調べる**MMPI**という質問紙や、不安の高さを調べる**MPI**や**MAS**というテストもあります。回答は自分の評価で行われるため、被検査者（テストを受ける者）の意識している部分が反映されます。

②**作業検査法――単純作業を通してパーソナリティを見る**

心理テストには単純な作業を行い、その結果に基づいて行動分析するものもあります。その結果からパーソナリティを見ていきます。これが**作業検査法**です。前者の質問紙法と異なり、言語を用いません。その作業内容や質を分析します。個別でも集団でも実施できます。

この検査法は、質問に答えるわけではありませんので、自分をよく見せることができません。またこの方法は、検査者に専門的な知識と経験が求められます。さらに単純作業を通して分析・評価できるのは、パーソナリティの限られた部分だけという限界もあります。

よく用いられるものに、**内田クレペリン精神作業検査**があります。ひたすら数字の加算作業をくりかえします。精神作業の速さ、正確さ、安定感などを分析します。

またベンダーゲシュタルトテストは、お手本の図を模写する作業を通して、作業の正確さを

表２－４　心理テストの表

種類	内容	テストの種類	特徴	精神レベル
質問紙法	質問に回答する	ＹＧ性格検査、エゴグラム（ＴＥＧ）、ＭＭＰＩ（ミネソタ多面的人格目録）、ＭＡＳ（顕在性不安検査）、ＭＰＩ（モーズレイ人格目録）	実施や採点が簡単。自己評価法であるため、自分自身のことを冷静に回答できる能力を要する。望ましい方向への反応歪曲が生じやすい。	意識
作業検査法	一連の作業を行う	内田クレペリン精神作業検査（数字加算の単純作業量の曲線を分析する）、ベンダーゲシュタルトテスト（幾何学図の模写）	一連の作業を行うプロセスや結果から行動傾向を分析する。検査の意図が不明確なため、意識的な反応歪曲は少ない。判定に熟練が必要。パーソナリティの部分的側面しかみられない。	前意識
投映法	曖昧刺激に対する反応を観察する	ロールシャッハ・テスト（インク模様への知覚的対処行動）、ＴＡＴ（絵画統覚検査・対人場面の絵を見てストーリーを作る）、ＳＣＴ（文章完成法検査）、Ｐ・Ｆスタディ（絵画・欲求不満テスト）、バウムテスト（樹木画テスト）、統合型ＨＴＰ（統合型・家木人テスト）	検査の意図が不明確で、反応歪曲が生じにくい。検査の実施や解釈に熟練が必要。未熟練者の場合、その解釈に主観や直感が混入しやすい。個別式で行うため実施に長時間を要する。	無意識

評価します。また脳機能の器質的な疾患の疑いを見つけることにも用いられます。いずれのテストも、単純作業によるものです。結果に被検査者の意識していない面も反映されます。

③ 投映法——曖昧な刺激への反応からパーソナリティを見る

投映法は、見る人によっていろいろなイメージが生じる曖昧な刺激に対する反応を観察する方法です。これまでの検査法と異なるのは、じっくりと反応の過程を観察する必要があることです。実施は個別に行われます。

例えば私たちが初対面の人に、2時間くらい観光案内をする場面を思い浮かべてください。その土地に対する興味を質問すると、人それぞれの反応があるはずです。また観光している時に、そこでは様々なコミュニケーションが生まれます。「楽しそう」「つまらなさそう」「ぶっきらぼう」「丁寧」などその人の態度や、食べ物の好みなどを通して、人物像が少しずつわかっていきます。

検査者が提示する一つひとつの曖昧な刺激に、被検査者がどのように反応するのか。投映法においては、それが情報として得られます。その一つひとつが被検査者の反応の特徴であり、その人物像を浮き彫りにするものです。またこの反応には正解があるわけではありません。

ロールシャッハ・テストは、10枚の図版を使用します。この図版には、インクを落として偶然できた、左右対称の染みが印刷されています。これが曖昧な刺激です。カードの種類は白黒、白黒赤、白黒濃淡、パステルカラーなどの特徴があります。

これらの特徴に対して、どのように反応するのかを観察します。一通りカードを見てもらったら、今度は質問をしながら、被検査者のカードの見方について尋ねていきます。

ＴＡＴには、主に対人関係に関する絵が描かれています。家族、同性・異性、年配者などの関係を描いたカードがいろいろあります。これが曖昧な刺激です。ケースに応じて必要なカードを選択して提示します。それらの特徴に、どのような物語を作っていくのか。その様子を観察しながら、被検査者のパーソナリティの特徴を**アセスメント**（査定）していきます。

これらのテストで使われる図版は世界共通です。様々なデータが蓄積されていますし、統計的な情報もあります。これらテストのマニュアルや、専門書を参考に検査をするため、検査者にはかなりの専門性が必要とされます。

また投映法の中には描画法もあります。いちばんよく用いられる描画法は、**バウムテスト**です。用意するものはＡ４の画用紙と、濃い鉛筆一本だけです。「実のなる木を描いてください」という簡単な指示から始められます。この場合「実のなる木」というのが、曖昧な刺激です。

被験者はリンゴ、ミカン、栗など、いろいろな実のなる木を描きます。枝豆の木のような小ぶりなものなど、木の種類や大きさ、幹や枝、葉にいたるまで、それらの描き方は十人十色です。

バウムテストは木を自分の身体とみなします。幹は自我であり、実は成功体験です。枝葉は対人関係などの象徴的な解釈をしていきます。しかしこのテストだけでは、その人のパーソナリティを十分に評価できません。他のテストと組み合わせて、パーソナリティをアセスメントします。

また**統合型ＨＴＰ**という描画法のテストもあります。これもＡ４の画用紙と濃い鉛筆だけでできます。被験者には、「画用紙を横にして、家と木と人を描いてください」と指示します。この場合には家、木、人が曖昧な刺激になります。

家には、窓や玄関が描かれているものもあれば、いずれも描かれないものもあります。また人も複数描いたり、一人だけだったりといろいろです。さらに木はバウムテストと同様に、自身が投影されて描かれるものと解釈されます。

また名前の通り、これら複数の物を統合的に描いていきます。ある程度の組み立てや、バランスの良さなども必要になります。

これら投映法のテストの回答は、いずれもいろいろなイメージから生ずる曖昧な刺激に対する反応です。そしてこれらは被検査者の無意識の部分が反映されます。

2 パーソナリティの記述方法――質か量か

パーソナリティの記述方法には、類型論と特性論の2種類があります。

・Bさん　活動的・社交的であるが、情緒的に不安定で、ときおり衝動的な言動も見られるタイプ。
・Cさん　いつも落ち着いており、物事には真面目に取り組むが、人付き合いはあまり好まないタイプ。
・Dさん　情緒的に安定しており、活動的・社交的で、リーダーシップが取れるタイプ。
・Eさん　情緒的に不安定なところがあり、人付き合いを好まず、一人でいることが多いタイプ。

・Aさん　取り立てて前記のような特徴はなく、平均的なタイプ。

これらはYG性格検査の5つのタイプを記したものです。このようにパーソナリティをタイプ別に分けて、**質的な記述**をすることを**類型論**と言います。

しかし、世の中の人々のパーソナリティを、すべてこの典型的な5タイプに分けることはできません。したがって、パーソナリティを記述する時には、パーソナリティがどのような**特性**で構成されているのかを考えます。

そこでそれぞれの特性が、どのくらいの強さを持つのか。その人なりの個性を細かく記述していきます。このようにパーソナリティを構成する各々の特性の強さを、**量的に記述**することを**特性論**と言います。

類型論はタイプ分けをします。「自分は○○タイプ」「あなたは○○タイプ」とわかりやく、明確に表現できます。その反面で、典型的なタイプ分け（類型論的な記述）だけでは、表現しきれないことも多くあります。もう少し各人の個性に応じた、詳細な説明を要するときもあります。そんな時にはパーソナリティの特性を、一つひとつ丁寧に見ていく特性論的な記述が必要とされます。

表2－5　パーソナリティの記述法

	考え方	例	特徴
類型論	タイプ分け	・クレッチマー（体型説） ・シェルドン（新体型説） ・フリードマン&ローゼンマン（タイプA） ・YG性格検査　A型（平均型）、B型（不安定・積極型）、C型（不安定・消極型）、D型（安定・積極型）、E型（不安定・消極型） ・エゴグラム　への字型（円満型）、N型（献身型）、逆N型（自己主張型）、M型（明朗型）、V型（葛藤型）、W型（苦悩型）	質的把握。直感的、総合的なパーソナリティーの把握。理解しやすい。単純化、画一化、固定化。中間型や混合型の扱いが困難。静的把握。
特性論	パーソナリティの特性を丁寧にみていく	・ビッグ・ファイブ（神経症傾向・外向性・開放性・調和性・誠実性） ・YG性格検査　抑うつ性、回帰性、劣等感、神経質、客観性、強調性、攻撃性、活動性、のんき、思考的外（内）向性、社会的外（内）向性、支配性 ・エゴグラム　CP（批判的な親）、NP（養護的な親）、A（客観的知性）、FC（自由な子ども）、AC（従順な子ども）	量的把握。客観的、分析的なパーソナリティの把握。全体的、独自的に把握しづらい。個人間の細部のパーソナリティー特徴や程度の差異も理解可能。

第５節　不適応の問題

不適応と言っても、いろいろなものがあります。人はそれぞれ個性を持っています。日常生活においては、その個性を生かしながら過ごせると有意義です。しかしその個性が頻繁に支障を来すと、生活するのが苦しくなります。また人に迷惑をかけてしまうこともあります。

現在、世界的な精神障害の専門的な疾病分類基準には２種類あります。

① DSM-5-TR（Diagnostic and Statistical Manual of Mental Disorders 5th Edition, Text Revision）を直訳すると、「精神疾患の診断・統計マニュアル第五改定版」となります。アメリカ精神医学会（American Psychiatric Association：APA）が提供している疾病分類です。

② ICD11（International Statistical Classification of Diseases and Relational Health Problems 11th Revision）を直訳すると、「疾病及び関連保健問題の国際統計分類第11版」となります。しかし一般的には「国際疾病分類」と言われています。世界保健機関（World Health Organization：WHO）が提供している疾病分類です。

図２－６（１２３頁）は、概ね①DSM-5-TRに基づき作成しました。この図は精神障害を**精神疾患のレベル（病態水準）の重軽と、病気であるという自覚（病識）の有無**という、２つの視点から整理したものです。この図ですべてが網羅できるわけではありません。その限界をふまえたうえで、不適応にはどのようなものがあるのか。これを説明していきたいと思います。

最初に述べる統合失調症や気分障害は、日常生活に著しい支障を生じさせます。時には生活が困難になることもあります。投薬や精神療法、必要に応じた入院治療が必要になることもあります。この不適応の病態水準（レベル）は重たく、病気であるという自覚、つまり病識がほとんどありません。

１　統合失調症（精神分裂症）

統合失調症は、もともと持っている**素因**だけでは発症しません。素因とは神経的な脆弱性のことです。この素因に、きっかけとなる**大きなストレス**が重なって発症します。この発生メカニズムが**脆弱性ストレスモデル**です。１００人に1人くらいの割合で発症します。

①　陰性症状と陽性症状――自閉と妄想

統合失調症には、解体型と妄想型があります。

解体型には、思春期の頃からその兆候が表れます。今までできていたことができなくなる**陰性症状**が出てきます。例えば表情が乏しくなり、能面のような無表情な顔になります。これを**プレコックスゲフュール**（**統合失調症らしさ**）と言います。また外出ができなくなり、**自閉傾向**が生じます。

妄想型の発症年齢は、成人期以降になります。これまでなかった**陽性症状**が主に生じます。**幻聴**や**妄想**などがそれに当たります。幻聴とは他人には聞こえない声が、自分にだけ聞こえることです。それもかなり大きな声で聞こえます。内容的には自分に対するネガティブなメッセージが多いようです。

②　統合失調症の治療について――生物学的アプローチと心理社会的アプローチ

統合失調症になると、日常生活が続けられなくなります。異変に気付いた周囲の人が、寄り添いながら、精神科医に正確な診断をしてもらいます。さらに症状や興奮を抑える**抗精神病薬**を服薬します。症状が落ち着いてきたら**精神療法**を繰り返しながら、経過を観察します。

統合失調症では、抗精神病薬を用いた**薬物療法**によって、脳の興奮状態を抑える**生物学的アプローチ**が必要なことも多いです。こうして脳内代謝物質であるドーパミンがあふれ出る興奮状態や、逆にそれがうまく働かない自閉傾向に働きかけます。

しかしそれだけでは十分でありません。**心理社会的アプローチ**も必要です。患者さんの日常生活を精神的に支えながら、日常生活の中に**対人関係的なサポート**を入れていきます。精神科医や精神保健福祉士の立会いのもとに、患者さん同士でスポーツをしたり、できる範囲で仕事を始めたりします。こうして**社会との繋がり**を取り戻していきます。

この他に**オープンダイアローグ**（**開かれた対話**）というアプローチがあります。これは服薬せずに、症状や興奮状態を少しずつ安定させていくコミュニケーションの取り方です。オープンダイアローグは患者さんのいるところで、家族や関係者が車座になり対話を始めます。患者さんのポジティブな噂話をするような感じです。患者さんは「みんなで何を話しているのだろう？」と関心を示します。こうして患者さんは、少しずつ会話に加われるようになっていきます。

現在この考え方は世界的に注目されています。患者さんが興奮状態の時にも、強力な神経弛緩剤を投与せずに、患者さんの症状が落ち着くケースが多く報告されています。

③　**レジリエンスについて――当人の持っている能力を大切にする**

日常生活に支障を来すような精神状態になった患者さんは、不適応を起こす精神疾患が発症していることは否めません。しかしこのような**病的な部分**が存在すると同時に、**健康な部分**も持っています。一般的にどうしても病の部分ばかりに着目してしまいます。でもむしろ、残されている健康な部分に注目して、働きかけることにより、適応できるように支援していくべきです。このような健康な部分を**レジリエンス**（困難を凌ぐためのしなやかな強さ）と言います。そして健康な部分が成長して、不適応を解決していくアプローチを**解決志向アプローチ**と呼びます。

２　気分障害（大うつ病、躁うつ病）

気分障害は以前、躁うつ病と言われていました。

①　**単一性と反復性――一回限りか、繰り返しがあるか**

気分障害は、大きなストレスが引き金となり発症します。一回だけうつ症状が生じて治る場合が、**単一性気分障害**です。しかし、何度か症状が繰り返される場合を、**反復性気分障害**と言います。うつ症状だけを繰り返す**単極性《たんきょくせい》気分障害**と、うつ症状と躁症状を繰り返す**双極性気分障害**があります。それぞれの症状が生じている期間のことを**エピソード**と呼びます。

②自殺について――よくなっていく過程で自殺が起こる

うつ状態が激しい時には寝たきりとなり、何もできないこともあります。そしてうつ状態が少しずつ良くなってきている時に、**自殺**することが多いと言われています。周囲の人々にとって、よくなってきたと思った矢先に自殺されてしまうのは、大きなショックです。

うつ状態がひどい時には、エネルギーが無くなっている状態です。「頑張れ」など励ましの言葉は禁物です。当人に「自分は何もできない人間だ」と、過小評価を助長してしまうことになりかねません。

③心身相関について――うつは体の調子が悪くなる

心と身体の状態が関連することを**心身相関**と言います。**気分障害**は身体症状を伴うことが多いです。その中でも**睡眠障害**が多くみられます。「よく眠れない」「途中で目が覚めてしまう」

「寝つきがよくない」など、**質の良い睡眠**が取れなくなります。**食欲**もなくなります。**自律神経が失調**して、ほてり、微熱や胃腸の具合が悪くなり、便秘や下痢が起こります。当然、疲れやすくもなります。

④ 興味関心の減退――好きだったことが億劫になる

このような抑うつ気分と同時に**意欲の減退**、**興味関心の減退**などが表れます。周りから見てわかりやすいのは、これまで興味関心が強かったことに、関心を示さなくなることです。さらにそれらを行うことを億劫に感じます。食通が食に無関心になったり、ゴルフ好きがゴルフに行かなくなったり、映画好きが映画を観なくなったり、いろいろです。

⑤ 病前性格について――まじめで几帳面な人が多い

うつ病はどちらかというと、病前は真面目で几帳面な人が多いと言われています。うつになると、以前はできていたことができなくなったり、やる気がなくなったりします。その結果、自分を責める気持ちが強まります。そんな自分が情けなくなり、周囲に迷惑をかける自分には、生きる価値がないと感じてしまいます。

⑥関わり方について——励ましは禁物

このようなうつ状態の時には、「遊んでストレスを発散したら、気分転換ができるよ」というような無責任な励ましは禁物です。遊ぶのもエネルギーが必要です。気分障害が重症の場合は、大きな負担になります。過労や心身の疲弊がその原因であるため、できるだけ気分障害という心の病の理解を促すことが大切です。

今できることは服薬とじっくり休息すること。そして失われているエネルギーを蓄えていくことです。当人には、このようなメッセージを少しずつ送りながら、地道に寄り添っていきます。また、うつのどん底から少し良くなってきても、単純に喜ぶのは控えましょう。焦らず、ゆっくりと寄り添い、見守る姿勢が必要です。

３パーソナリティ障害について——当人よりも周りが苦労する

図２−６のとおりＡ〜Ｃ群まで、いろいろな病態レベルがあります。重いものから軽いものまで、個性としてのパーソナリティが極端化したものと考えることもできます。したがって当人は、自分の症状にあまり違和感を持っていません。どちらかというと、周囲が当人にどのよ

うに合わせていくべきか迷う。そのような対人関係になります。この状態が**自我親和性**です。

一方で、神経症レベルの不安障害を持つ人々は、「自分は普通ではない」「どこかおかしいのではないか?」と強く感じます。この状態が**自我違和性**です。そしてそれを治したいと思いますが、当人が気にするほど周囲から見ても異常さはありません。当人が自意識過剰になり、さらに悩んでしまう悪循環に陥ることも多いです。

精神疾患レベルになると病態レベルが重くても、当人には病識がありません。だから当人は「病気ではない」と言います。しかし異常な言動が見られます。すなわち統合失調症では、幻覚や妄想や思考障害を現実だと思います。また気分障害では、寝たきりになっても「自分は無能な人間で、生きる価値がない」と考えます。それが精神的な病のせいであるとは思えません。

さて、このような前提で、あらためてパーソナリティ障害を解説します。

A群は病態が比較的重度です。**対人関係が困難**な傾向が見られるものの、当人はそれなりに生活します。**妄想型**は人を信用せず、他者を警戒する傾向を強く持っています。**シゾイド型**は一人を好み、近寄りがたい雰囲気があります。**失調型**は言動の鈍さや、変わった思考や信念があります。

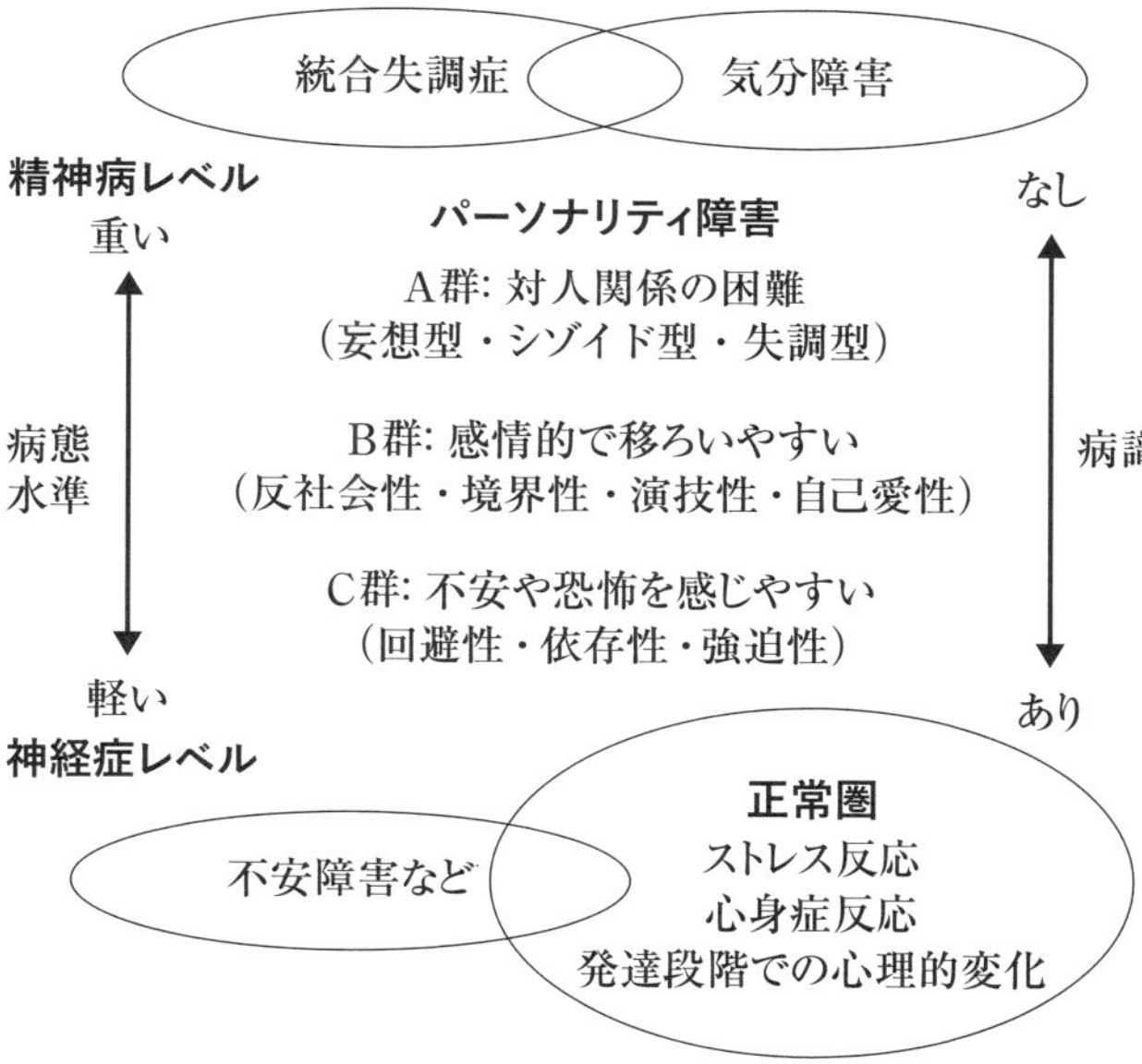

図 2-6　不適応についての図

Ｂ群の病態は中程度で、**感情的で移ろいやすい傾向**があります。**反社会性**は衝動的なため、法律に違反しがちな傾向があります。**境界性**は人に対して一方的に理想化して、叶わないと価値を下げます。このような**スプリッティング（分裂）**という対人関係の特徴は、周囲の環境を複雑にします。**演技性**は感情表現が大げさで、人の注目を引きます。**自己愛性**は常に自分が中心で、第一に考えます。うまくいったことは自分の手柄にして、うまくいかないことは人のせいにします。部下になった人はとても大変です。

Ｃ群の病態は軽度ですが、不安障害よりも重篤で、不安や恐怖を感じやすい傾向があります。**回避性**は対人関係に怯えるため、拒絶や批判に敏感です。一方で狭い範囲の限られた友人とは付き合えます。**依存性**は、常に誰かを頼りにしていないと心許なくなります。自分よりも頼りにする人のことを優先します。**強迫性**は完全癖が強く、いつも自分のやり方にこだわりを持ちます。人にもそれを強いるため、周囲は苦労させられる傾向があります。

４　不安障害――自意識が過剰になる中での悩み

不安障害は自分はおかしいという病識が高く、とても苦しい思いをします。それにより周囲も必要以上に気を遣います。もっとも日常生活のストレスが高まった時には、健常者でも同様の症状になります。したがって見極めが難しい時もあります。しかし恒常的に同様の症状が継続して、日常生活に支障を来すようなら、不安障害の可能性を考えるべきです。不安障害にはＰＴＳＤ、パニック障害、強迫性障害、全般性不安障害などがあります。

ＰＴＳＤ（**心的外傷後ストレス障害**　Post Traumatic Stress Disorder）は、生死をさ迷うような出来事や、それと同等の惨事に遭遇した時に生じます。その時のことが忘れられず、繰り返しその恐ろしさを想い出したり、夢に見たりします。このような恐ろしい体験が**トラウマ**（**心的外傷**）です。

２０１１年3月11日の東日本大震災では、東北地方を中心に12都道府県でおよそ1万６０００人の方が亡くなりました。その際に九死に一生を得た人が、その恐ろしいトラウマを繰り返してしまいます。震災で家族や恋人、親友など、大切な人たちは亡くなったのに、自分は生きている。その大きな喪失感はなかなか払拭できません。「申し訳ない」という感情が胸に残り、繰り返されます。これを**生存者の罪悪感**（**サバイバーズギルト**　survivor's guilt）と言います。

ここで私が経験したPTSDのケースを紹介します。震災から3カ月が経過した頃でした。避難所で生活している人々の話を聴くために、私は臨床心理士としてボランティアに行きました。その時に中学2年生のA子が、私のところにやってきました。私が話を促すと、彼女は堰を切ったように話し始めました。

A子は怖い夢をたびたび見てしまうため、眠るのが不安になると訴えます。A子の幼馴染であるB子は、津波に飲み込まれて亡くなりました。彼女にとって、それはとても悲しい出来事でした。最近は毎晩、夢の中でB子が「A子ちゃん、遊ぼ！」と誘いに来るそうです。しかし

「おかしいな、B子は亡くなっているのに」と思った瞬間、B子はとても怖い表情で彼女に襲いかかってくる。その瞬間に夢から覚めると話します。

A子は、PTSDのサバイバーズギルトを払拭できず悩んでいると、私にはわかりました。B子は亡くなったのに、自分だけが生きていることにA子は大きな罪悪感を持っていました。

ところが私があえてそれを説明しなくても、A子はひとしきり話し終わった後、次のように言いました。「いつも誰かに話したいと思っていたけど、とても話せる雰囲気ではなかった。とても辛かったです。だけど今日は、この怖い夢の話を先生に話すことができて本当によかった」。

私は「2週間後にまた来るから、次回も話を聴かせてくれるかな」と彼女に伝えました。2週間後に再会した彼女は、とてもすっきりした様子で話し始めました。「話を聴いてもらった後、怖い夢を見なくなりました」。彼女は、B子の死という大きな罪悪感を、ずっと無意識に抑圧し続けていました。それが繰り返し夢に現れていたのです。しかし無意識に抑圧されていたトラウマは、言語化したことにより意識化できたのです。

パニック障害はある時、突然にパニック発作を引き起こします。過呼吸になり、息が吐けなくなります。生命の危険さえ感じることもあります。その時には落ち着いて深呼吸をすることができません。腹式呼吸を意識しながら、自分の息を意識的にゆっくりと吐き出すことが有効な対処方法です。発作はいつどこで起きるのかわかりません。また日頃から体調管理をして、無理をしないことです。

強迫性障害は、強迫観念と強迫行為を繰り返します。**強迫観念**とは、おかしいとわかっていても、そのように思ってしまうこと。**強迫行為**とは、おかしいとわかっていても、そのように行動してしまうことです。こうして強迫性障害により時間を割かれ、日常生活に支障を来します。例えば、何度も手洗いを繰り返してしまう人がいます。このメカニズムは、不安という目に見えない状態を、不潔という恐怖とすり替え、捉え直していることです。つまり手洗いという儀式を繰り返し、不潔という恐怖に対処することで、不安を軽減しているとも言えます。戸締まりや、日常生活の計算間違いを、何度も確認することもあります。

５　発達段階におけるストレス反応
――誰だって悩むことはある

発達段階において第二次性徴期は、子どもから大人への過渡期になります。身体が急激に成長し、ホルモンバランスも変わります。精神的にも不安定な時期になります。この段階の心の状態を**思春期心性**と言います。激しい情動の変化が生じることもあり、一時的な不適応が見られることもあります（80頁・表2－1）。

これらのストレス反応は異常ではありません。発達の途上で、多くの人々に生じる通常の反応です。そして成長とともに落ち着いていく傾向が多くみられます。またこれら**発達途上における**ストレス反応は、**更年期**や**初老期**にも生じます。これらの一時的な反応は、その文脈をしっかりと捉えて、過剰な対応をしすぎることがないように心がけましょう。

第6節　心理療法について

1　クライエント中心療法――クライエントがいちばんよく知っている

ロジャーズ（Rogers,C.R.）はカウンセリングによって、人間はその**実現傾向**を高めていくことができると言います。それは誰しも実現傾向があるからです（66頁・図２－２）。

こうありたい自分（**自己概念**）と、実際の自分（**経験**）が不一致であると、不適応感が強くなります。一方で、一致していると適応感が生じてくると述べています。

クライエントは自分の思いや考えを言葉にして、カウンセラーに伝えます。そのプロセスを通して、クライエントは自分のことを認識し直します。また自己理解に繋げていきます。カウンセラーは、それを受容的に受け止めながら傾聴します。また、クライエントが話しやすい雰囲気を提供しようとします。

ロジャーズはカウンセリングが順調に進められるために、カウンセラーの３条件を定めています。
①**自己一致**（**透明性**、**純粋性**）とは、カウンセラーの発言が、自身の考えや思いと一致していることです。透明性とは裏腹ではないということ。純粋性とは、純粋に自分の考えを述べていることです。すなわち「それはお辛い思いをなさいましたね」と、クライエントに声をかけるのであれば、カウンセラーも心の底からそう思うことが求められます。
②**無条件の肯定的配慮**とは、カウンセラーは無条件に、クライエントに対して肯定的であるという姿勢です。カウンセリングの目的は、打算的であってはいけません。またカウンセラー

が、クライエントに恋愛感情などを抱いてもいけません。無条件とはそういうことです。

③**共感的理解**とは、あたかも自分のことのようにクライエントに共感すること。そして寄り添うことです。また共感していることは、言葉でクライエントに伝えられなければいけません。ただし共感とは、同情ではありません。共感とは、クライエントになったつもりで話を聴き、理解することです。また同情のように、どっぷりとクライエントの心情に浸るのでもありません。いつでも素の自分に戻れることが大切です。

２　精神分析療法（精神力動論）――無意識を一緒に見ていく

精神分析理論に則ったアプローチです。クライエントの不適応は、当人が意識している部分だけでは解決できません。幼少期の生い立ちや母子関係（**二者関係**）、父母子関係（**三者関係**）など、幼少期のトラウマを振り返りながら、丁寧に話を聴いていきます。

また**幼児性欲**（**口唇期**、**肛門期**、**男根期**）の状況を、当人や親から聴き出します。そして愛着形成や**トラウマ**、その経緯をクライエントと一緒に考えます。そのうえで、これらの解釈をしていきます（75頁・1フロイトの発達理論）。

しかし当人が無意識レベルの解釈を受け入れることに、抵抗を抱く場合があります。その際には**徹底操作**というアプローチを行います。当人にその解釈の受け入れと、理解を働きかけます。クライエントの症状や不適応行動と、そのトラウマはどのように関連しているのでしょうか。その洞察ができた時に、症状や不適応行動が消失していくと言われています。

精神分析療法とは、幼児期のトラウマに遡って考えていきます。しかしそれは原因を追究するためではありません。大変な生育をどのように辿ってきたのかを共有していくためです。すなわちそれだけクライエントを尊重して、丁寧で大切な関わりを持つということです。

３ 認知行動療法——自分の癖を考えてみる

ものの考え方、受け取り方に焦点を当て、その**特徴**（**偏り**）を修正していきます。そうすることで**問題の対処能力**を高め、気持ちを楽にしていきます。この特徴や偏りのことをスキーマと呼びます。この**スキーマ**には、その人なりの価値観、人生観が含まれています。それでは最初に、気分と認知の関係を考えてみましょう（図２−７）。

憂鬱という気分は、「何かを無くした」「**喪失**した」という認知と深く関係しています。そのために気持ちや行動が内向的になります。したがって、無くしたものや、その喪失の経緯をどのように認知しているのかに焦点を当てて、傾聴していくことが大切です。

不安という気分は、周りの対象を過剰に「**危険**」だと認知している状態です。その危険性を過大評価する一方で、自分の対処能力や、周囲からの援助を低く評価しています。そのため不安になり、うまく行動できません。

そこでその対象は当人が考えているほど、危険なものなのかどうかを検討しなければなりません。また自分の対処能力を冷静に見極め、高めていくことも必要です。さらに周囲からの援助を、適切に得られるようにすることも必要です。

怒りという情動（行動を伴うような激しい気分）は、「**不当だ**」という認知と関係しています。したがって怒りが生じた時に、何を不当だと考えているのか。それに対するアプローチを考えていくことで、クライエントの気持ちを和らげる助けになります。

これらの気分や情動に対してカウンセラーは、「その時、どのように考えていましたか？」と尋ねます。こうしてその時・その場面で浮かんでくる考え方に焦点を当てます。これら当人の捉え方の癖や、偏りという思考の特徴を**自動思考**と呼びます。例えば「いつもこうなってしまう。今回もやっぱりこうなってしまった」というような思い込みや、決めつけのような感じ

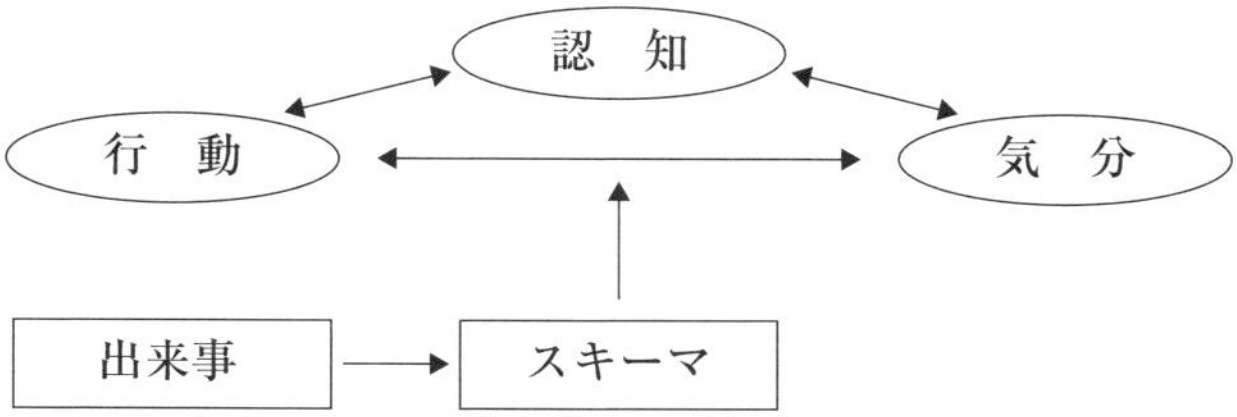

図 2-7　認知行動療法とは

がこれにあたります。

あくまでもクライエントが話す内容を手掛かりにします。その裏にはスキーマと呼ばれるその人の考え方や人生観、社会観が含まれています。そのスキーマに気付き、対処していくことで、さらに支援が効果的になっていきます。

ある出来事に対して、気分は直結しているわけではありません。ある出来事をどのように認知するのか。それによって、その時の気分や行動が生じます。したがって認知と、気分や行動との関係性を探るためには、自動思考に焦点を当てることが大切です。それを修正していくことは、症状や不適応行動の解決に繋がります。面接の手順は次のとおりです。

①自動思考が役に立っているのか。これを一緒に考えていきます。適応的であれば役に立っています。そうでない場合には、役に立っていないことも考えられます。

②具体的に自動思考の認知の歪みを探します。**非論理的**であった

り、**歪曲**があったり、**非現実的**であったりするところがないかを一緒に考えてみます。③自動思考の証拠や根拠を確かめてみます。それを裏付ける事実はどこにあるのか。否定する事実はどこにあるのか。それらを見ていきます。その時に用いる質問が**ソクラテス的質問法**です。カウンセラーはその答えを教えるのではなく、それを導き出すような質問をします。その結果、クライエント自身がそのことに気づく。そのような経過を辿るようにします。

4 解決志向アプローチ（Solution Focused Approach）――解決に関するはなし

問題に関する対話（problem Talk）では、クライエントの過去と現在の問題や、課題ばかりに焦点を当てます。したがって、今後の解決への兆しは生じてきません。そこで筆者は常に**解決志向アプローチ**を用いるようにしています。

問題や課題の渦中にいる人には困難を克服しながら、なんとか今日まで過ごしてきた力があります。この力が**レジリエンス**（resilience **しなやかな強さ**）です。ここに着目して、次のような質問をします。「いろいろと大変な問題や課題を抱えておられます。ところで今日までどのようにそれらを克服してこられたのですか？」。

この質問を**コーピング・クエスチョン**（Coping Question **対処質問**）と呼んでいます。この質問はクライエントやその家族が、今日まで発揮してきたやり方を問うものです。今後、当人たちが、どのように問題や課題を乗り越えていけるのか。その大きなヒントになり得ます。そのヒントを得られればもうすでに、解決の第一歩が踏み出せています。クライエントや家族がこの質問に答えることは、自分たちの持っている力にあらためて気付く、絶好の機会なのです。このやり取りは**解決に関する対話**（solution talk）と呼ばれています。前記の問題に関する対話とは対照的です。私たちは知らず知らずのうちに、問題に関する対話に終始して、途方に暮れてしまうことが多いのです。それでは次に、この解決志向アプローチの基本的な３つのルールを見ていきましょう。

①もしうまくいっているなら、変えようとするな。
②もし一度やってうまくいったのなら、またそれをせよ。
③もしうまくいっていないのであれば、（何でもいいから）違うことをせよ。

この３つを整理しながら丁寧に聴いていきます。①は、現在できていることに焦点を当てます。例えば今、相談に来ていること。またそのきっかけになった出来事などを聴いてみましょう。②はできていないことも、たくさんあるかもしれません。それでも中には、10回に1～2回はできていることもあるかもしれません。あえてその例外に注目して、話してみることです。私たちは、うまくできないことばかりに注目しがちです。この例外を見落としていることが多いのです。③は前述した悪循環（103頁・図2－5）に陥らないようにしましょう。

　解決志向を持つと、現実への対処能力が増していきます。今まで問題とされていたことも減っていきます。また今までの問題が、問題と認識されなくなることもあります。

5 家族療法と統合的アプローチ――関係が変われば人は変わる

　これまでの心理療法は、クライエントの内面に働きかけ、サポートしていくものでした。クライエントは家族や地域、学校、会社などの関係者と一緒に生活しています。したがってクライエントは、どのような人間関係によって不適応が起こっているのか。その**関係性にも着目**しなければなりません。人間関係が変われば、クライエントの内面も変わります。クライエントの内面の問題や課題は、様々な人間関係の問題や課題でもあります。

クライエントの問題や課題に焦点を当てることが、**直線的因果論**です。またクライエントとの人間関係に焦点を当てることを、**円環的因果論**と言います。この二つの因果論は相互に関係しています。

また個人の内面に働きかけることが、**個人療法**（**個人内アプローチ**）です。個人と個人の関係に働きかけることを**家族療法**（**個人間アプローチ**）と言います。この両方の視点を持つことが必要です。２つの心理療法を合わせて、**統合的アプローチ**と呼びます。

家族療法においてセラピストは、クライエントの家族に**仲間入り**します。こうして家族との関係性を形成していきます。まずはクライエントと波長を合わせることはもちろんですが、家族へのスムーズな仲間入りをすることも大切です。この過程が**ジョイニング**（joining）です。ジョイニングがうまくいくと、クライエントや家族との関係がスムーズになります。必要な情報が入ってくるとともに、関わるたびにより全員が影響を受け合い、状況が変化していきます。

関係性は常に影響を受け合い、変化を促します。こうしてクライエントやその家族だけでなく、セラピストも共に変化していきます。セラピストはその関係性に**関与的観察**（Participant Observation）をしながら関わります。

第2章　社会心理学

社会学は集団である社会に焦点を当てる学問です。しかし社会心理学とは、集団である社会現象の中で、さらに個人の心理に焦点を当てる学問です。社会心理学に関しては、いくつかの著名な理論を紹介します。

第1節　アッシュの同調実験――人が影響を受けるメカニズム

1956年にアメリカの社会心理学者であるソロモン・アッシュ（Asch,S.E. 1907-1996）は、集団行動についての古典的な実験を行いました。図2－8は実験で使用された2枚のカードです。左は判断の基準となる直線です。右は3本の直線で、被験者に判断させる選択肢になります。

被験者は男子大学生です。実験者は彼らを８人のグループに分け、半円形に並んで座らせました。実はそのうち７人の被験者は、偽の被験者（サクラ）です。８人のグループの中で、１人だけが真の被験者です。また真の被験者は、７人のサクラとは面識がありませんでした。まず実験者は全員に、左の基準となる直線を示しました。次に右の３つの直線の中で、どれが基準線と同じ長さであるのか？　その回答を、被験者１人ずつに口頭で求めました。回答はサクラ役６人が先でした。真の被験者は、いつも最後から２番目に回答するようにされました。

サクラ役の回答者は、最初の数回は正しく回答しました。しかし途中から、予め決められた間違った回答をするように指示されていました。

こうしたサクラ役の間違った回答、いわゆる多数派の回答は、真の被験者の回答にどのような影響を与えたのでしょうか。実験ではそれが調べられました。

実験は全部で18回繰り返されました。その結果、全回答の37％において真の被験者は、サクラ役の間違った回答に同調したことがわかりました。被験者ごとの分析で

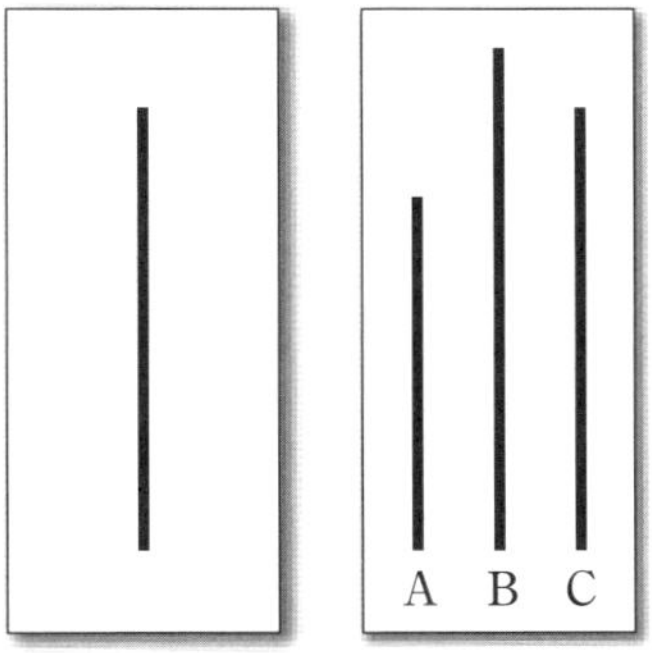

図 2-8　同調実験

は、被験者の約4分の3が、少なくとも1回の同調行動をしていました。全く同調しない被験者は約4分の1だけでした。一方、すべての回答で同調する被験者はいませんでした。

この実験からは何が見えてくるでしょうか。それは自分が正しいと思っていても、大多数の主張に対して、私たちはその影響を受けてしまう。自信をもって正しい意見が言えなくなってしまうことです。

言い換えると私たちは、正解ではない誤回答に同調してしまう傾向がある。それは大多数の人々に受け入れられようとするからです。また集団の**同調圧力**は、全員一致の際に強く働くことも示されました。これが**斉一性の原理**です。

第2節　PM理論——リーダーのタイプ

PM理論とは三隅二不二《みすみじゅうじ》（1924-2002）によって、1984年に提唱されたリーダーに関する理論です。リーダーの機能には**P機能**（**目標達成機能**:Performance function）と、**M機能**（**集団維持機能**:Maintenance function）があります。図2－9のとおりその組み合わせは、4つのタ

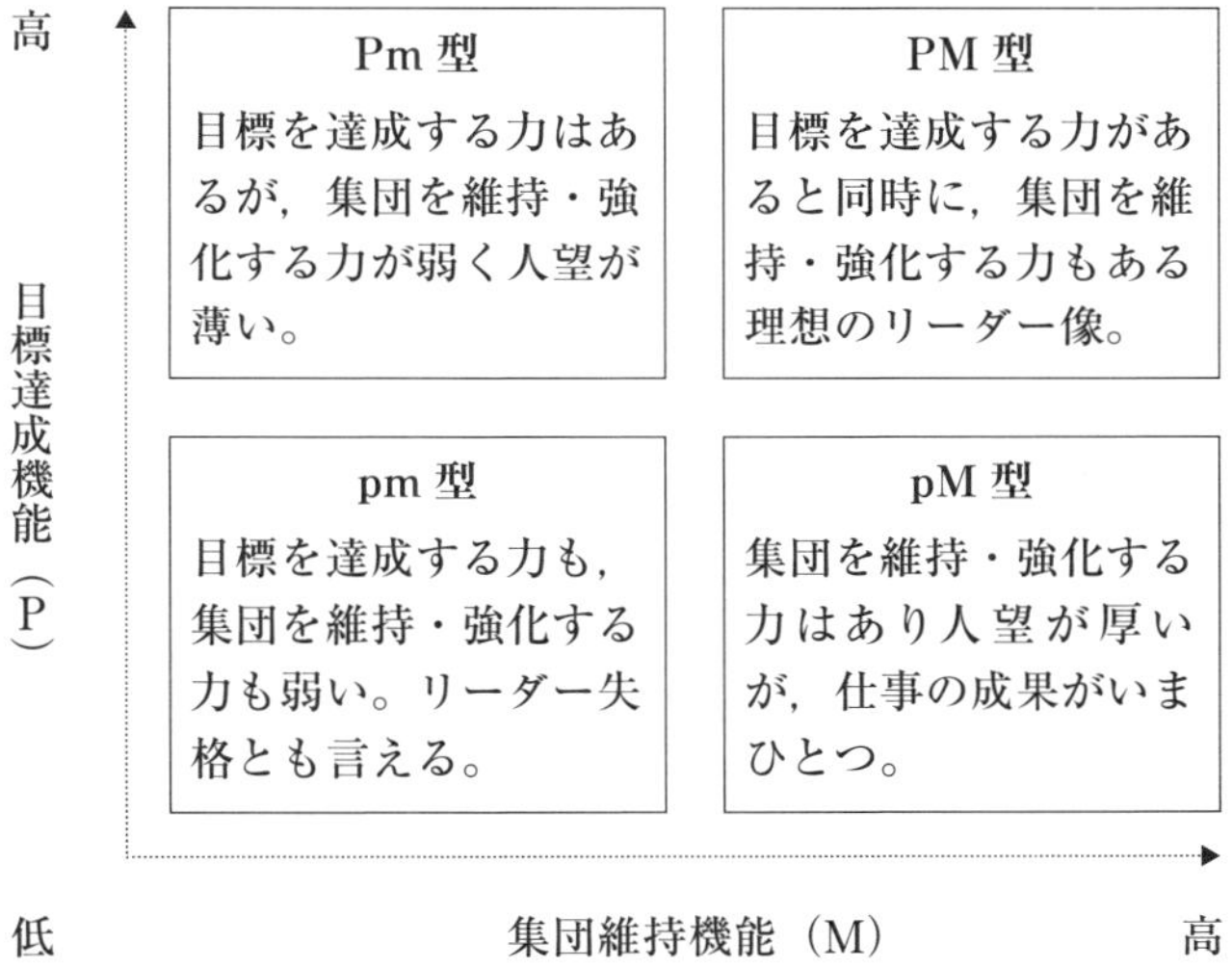
高
Pm 型
目標を達成する力はあるが，集団を維持・強化する力が弱く人望が薄い。
PM 型
目標を達成する力があると同時に，集団を維持・強化する力もある理想のリーダー像。
目標達成機能（P）
pm 型
目標を達成する力も，集団を維持・強化する力も弱い。リーダー失格とも言える。
pM 型
集団を維持・強化する力はあり人望が厚いが，仕事の成果がいまひとつ。
低
集団維持機能（M）
高

図 2-9　PM 理論

イプに分かれます。

プロジェクトチームなど短期集中の集団では、次のような順に効率を発揮します。PM＞Pm＞pM＞pm（P、Mは優れている。p、mは劣っている）。

長らく共に仕事をするような長期維持の集団では、次のような順に効率を発揮します。PM＞pM＞Pm＞pm。

第3節　ハイダーのバランス理論
——三者関係をみる

ハイダー（Heider,F. 1896-1988）はアメリカで活躍した心理学者です。

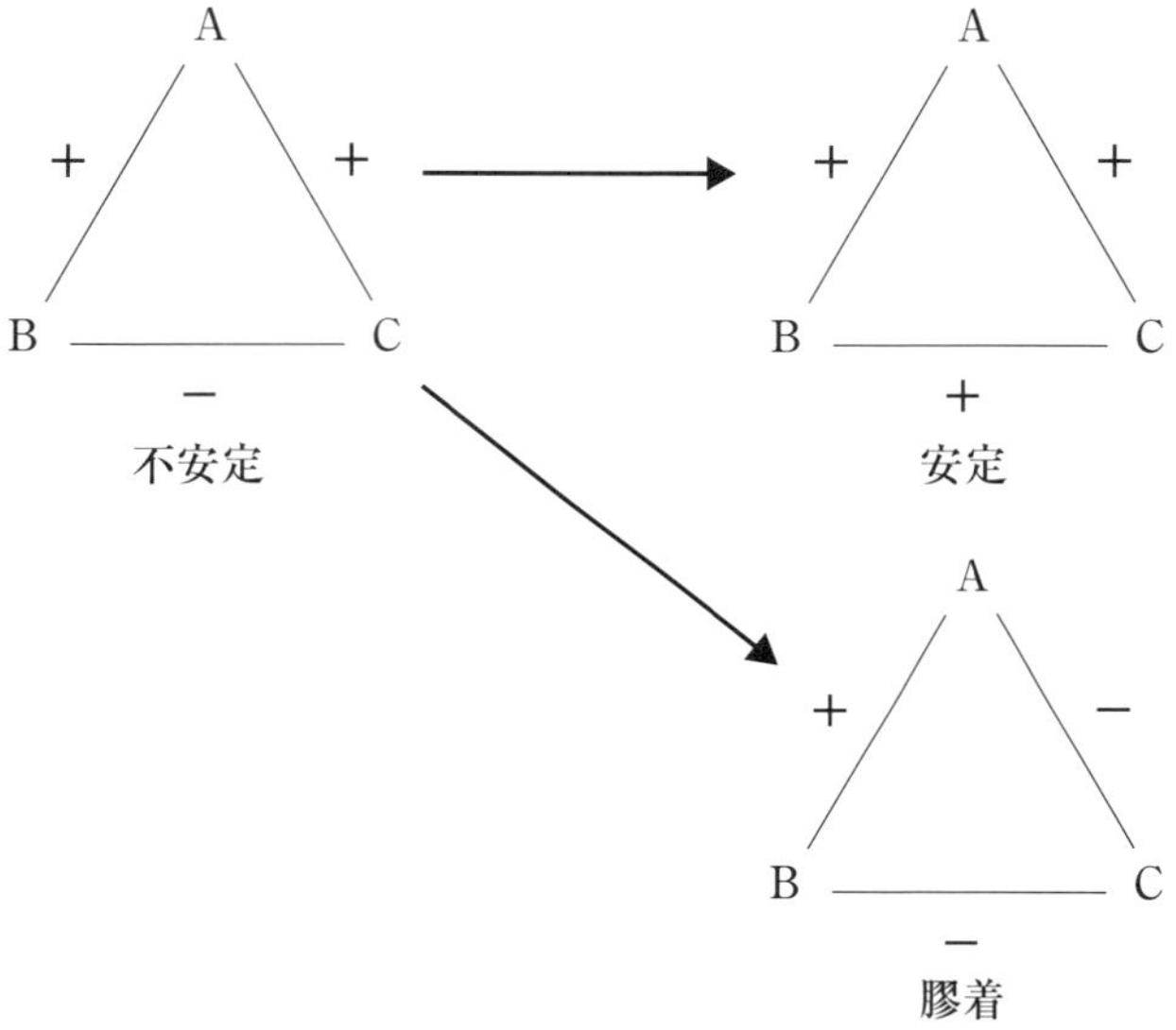

図 2-10　ハイダーのバランス理論

前記の図2－4（101頁）では、子ども（A）と両親（BC）の三者を例にして、三者関係化を説明しました。

ABCは他人の場合でも成り立ちます。すなわち、その関係の好悪《こうお》をプラスとマイナスで表すと、その積がプラスになる場合と、マイナスになる場合があります。すると次の3つのパターンに分かれます。「安定」と「膠着」と「不安定」です。

安定は、全てがプラスの関係で良好と言えます。しかし**膠着**は、AとBが連合（プラスの関係）して、Cと対立（マイナスの関係）するパターンです。また**不安定**においてAは、BとCの両方と連合します。しかしBとCが対立するため、Ａが板挟みになります。したがってこの不安定な関係性は長続きしません。そのためＡがストレスフルな状態を解消しようとして、安定もしくは膠着のパターンに変化することが多いのです（図２－10）。Ｃは人ではなく、物事の場合でも成り立ちます。例えば、Ｃをスポーツとしましょう。Ａはスポーツが得意ですが、Ｂは苦手だったとします。これは不安定に相当します。その時には、ＡはＢにスポーツを強いることはしません。これが膠着です。そして、スポーツの代わりにＣをＡもＢも好きな映画に変えれば、安定した関係になるのです。

第４節　主要な要請技法について——説得する時のアプローチ

人が他人に何かをお願いする時には、いろいろな方法があります。その効果的な方法を３つに分けて説明してみましょう。

Ａ　フット・イン・ザ・ドア・テクニック（段階的要請法）

この方法において依頼者は最初に相手に対して、誰でも受け入れるような小さな要求をします。それを受諾してもらったら、少しずつ要求の内容を大きくしていきます。こうして普通なら拒否されそうな大きな要求を実現させます。これはスモール・ステップの原理に基づいています。

小さな要求→受諾→大きな要求

B ドア・イン・ザ・フェイス・テクニック（譲歩的要請法）

この方法において依頼者は最初に相手に対して、誰もが断るような大きな要求をします。それを拒否されたら、もう少し受け入れやすい要求をします。相手は最初に拒否したことに対して、多少の申し訳なさを感じています。したがってもう少し小さな要求なら、譲歩して受け入れる姿勢が生じてきます。

大きな要求→拒否→小さな要求

C ロー・ボール・テクニック（承諾先取要請法）

これは最初に、好条件で要請して受諾を得ます。その後、謝罪や釈明、理由付けなどを行いながら、当初の好条件をなくして、本来の要求に近づけていきます。人は一度承認したことを翻すことに抵抗を感じます。それを利用しながら、謝罪や理由付けを丁寧に行いながら要求を承諾させていきます。

好条件→取り消し→本来の要求

第５節　心理的リアクタンス――今やろうと思っているのに

リアクタンスとは「抵抗・反発」を意味します。**心理的リアクタンス**とは、それを心理学に適用した概念です。「人が自由を制限された際に、それに抗おうとする性質」を指します。１９６６年にアメリカの心理学者・**ジャック・ブレーム**（Brehm,J.）によって提唱されました。ある程度の反復されるメッセージは記憶に残りやすい。説得される可能性も高まります。しかし過度に反復されると、自己の行動を選択する自由が脅かされたと感じます。すると、そのメッセージとは異なる態度がとられやすくなります。

例えば親は「早く勉強しなさい」と、子どもに口うるさく言い続けてしまいがちです。しかしそれは、これから勉強しようと思っている子どもの学習意欲をかえって失わせます。

第6節　フェスティンガーの認知的不協和理論
――どうもすっきりしない状態

この理論は、アメリカの心理学者である**フェスティンガー**（Festinger,L. 1919-1989）によって提唱されました。**認知的不協和**とは、人が自身の認知と別の矛盾する認知を抱えた状態です。またその時に覚える不快感のことです。人はこれを解消するために、自身の態度や行動を変更しようとします。これができない時には、矛盾する認知の定義を変更したり、過小評価したり、あるいは新たな要素を加えたりします。

例えば喫煙は肺ガンになるリスクが高い。これは周知の事実です。タバコは肺ガンになると知りながら喫煙するのは緊張が高まります。最適な方法は禁煙でしょう。これは「自分の態度や行動を変更する」に該当します。しかし禁煙が困難な愛煙家は、「必ずしも肺ガンになると証明されていない」と、その情報を過小評価したり、変化させたりします。あるいは「喫煙しないと仕事がはかどらない」などと、新たな要素を加えたりします。こうして人は、認知的不協和を低減させようとします。

第Ⅲ部

心理学の理論を用いた実践

第1章　わが子を虐待してしまったお父さんたちのグループワーク（児童相談所）

はじめに

私は２００３年に、家庭裁判所調査官から大学教員へと勤務先を移しました。その後は家族臨床、非行臨床、コミュニケーションをテーマに研究を進めてきました。また２００４年には児童相談所から委嘱され、わが子を虐待した父親グループのファシリテーターをするようになりました。こうして現在20年が経過しました。

１オープンダイアローグとの出会い

グループを始めて10年目に、フィンランドの臨床心理士・**ダニエル・マックラー**（Daniel Mackler）が監督・制作した「オープンダイアローグ」（日本語タイトル「開かれた対話」）と出会いました。この映像は、精神病治療への代替アプローチのドキュメンタリーです。当時の私にとって興味深く、刺激的なものでした。

２ケロプダス病院の取り組みと成果

ケロプダス病院（精神科）は、北欧フィンランド最北部の西ラップランド地方の小さな街・トルニオにあります。この病院では薬物による措置の前に、**開かれた対話**が行われていました。この試みにより、興奮状態の患者さんにその有効性が実証されました。これは臨床心理士・**ヤーコ・セイックラ**（Seikkula,J. 1953-）と、当時の病院長であった精神科医・**ビルギッタ・アラカレ**（Alakare,B.）を中心とした、医療協働スタッフたちの熱心な取り組みの結果と言えます。

なぜなら、急性期の統合失調症の患者さんの興奮状態を鎮静させて、強制入院させるには、神経弛緩剤の投与が欠かせなかったからです。

１９９２～９７年にケロプダス病院では、75名の精神病状を有するとされた人たちへの調査が行われました。すると彼らのおよそ８割は精神病状の残存がなく、学業やフルタイムの仕事に復帰しました。そのうち抗精神病薬を内服したことのある人は24％でした。さらにその中で内服を継続している人は20％でした。この調査はその後も続けられ、２０１５年までの調査でも同等の結果が報告されています。

３ オープンダイアローグの２大原則

１９８４年８月27日にケロプダス病院では、対話主義が宣言されました。そして以下の２つのことが決められました。

①その人のいないところで、その人の話をしない

②１対１で話さない

この取組みは後に**オープンダイアローグ**（**開かれた対話**）と呼ばれるようになりました。この２つの決まり事は、オープンダイアローグの「土台」として、今でも大切にされています。

４ 車座になって語り合う　対話を繰り返すだけ

まず幻聴や妄想により、興奮状態にある患者さんの家族から相談の電話が入ります。すると２名以上のスタッフが、24時間以内にその家庭に訪問します。そして家族と車座になって、当人が見聞きできるところで対話を始めます。対話の内容は、当人の症状や家族の苦労話、あるいは世間話などです。その結果、徐々に当人が落ち着き始めます。

強制入院が必要と思われるケースでも、家庭訪問で対話を重ねることで、約７割が落ち着いていくそうです。患者さんが落ち着かない場合には、連日対応します。それでも激しい興奮状態が続くなら、やむを得ず神経弛緩剤を投与することもあります。

5　オープンダイアローグの7原則

前述2つの大原則の他に、オープンダイアローグには7原則があります。

①Immediate Help（即時に助ける）相談の連絡受理後、24時間以内に対応する。
②Social Network Perspective（当人のネットワークにある人たちを招く）。
③Flexibility and Mobility（柔軟かつ機動的に）。
④Responsibility（責任／責務）スタッフはしっかりとリフレクティングする（157頁）。
⑤Psychological Continuity（心理学的な連続性）担当者を理由なく変更しない。
⑥Tolerance of Uncertainty（不確実な中に一緒に居続ける）一緒に考える。
⑦Dialogism（**対話主義**）目的のために対話をするのではなく、対話こそが目的。

6　オープンダイアローグが用いられる領域の拡大

オープンダイアローグの関わり方は現在、世界各国で注目されています。この考え方が用いられるのは、統合失調症や精神科医療の領域だけではありません。最近ではひきこもり、非行、犯罪、児童虐待、高齢者虐待、ＤＶなどの領域にも応用され、様々な効果を示しています。

７オープンダイアローグの実践　お父さんグループについて

①グループの構成

このグループワークは児童相談所の会議室のラウンドテーブルで、月２回・土曜日に行います。このグループには虐待のため、家族から児童養護施設に分離された子どものお父さんたちが参加します。また児童相談所の担当者と、お父さんたちとの間で対立関係が払拭できず、一進一退の状態である時にグループへの参加を勧められます。

②構成メンバーと進め方

ファシリテーターは、外部の臨床心理士である私と精神科医の２人です。他に窓口となる内部スタッフが１人います。３人のスタッフ（Ｓ）で、このグループワークを進めていきます。参加メンバー（Ｍ）は初参加からベテランまで、様々なお父さんたちで構成されています。

だいたい2年間で家族が再統合されて、グループを卒業していきます。しかし数年間、参加し続けているメンバーもいます。

およそ3カ月ごとに新しいメンバーが加わります。新メンバーがいる時には、セッションのオープニングで、ベテランのメンバーから順番に自己紹介をします。新メンバーがいない時は、順番に近況を話します。こうしてメンバーは互いに波長を合わせていきます。

③グループの特徴

ベテランのメンバーの自己紹介を傾聴していると、回数を重ねるごとに次のような変化がみられます。それは少しずつ自分の行為と、対峙できるようになっていくこと。また子どもとの向き合い方を、主体的に考えられるようになっていくことです。すると自己紹介を聴いている新メンバーも、次第にこれからの未来を展望できるようになります。

最初は半信半疑で参加していたお父さんたちにとって、グループはやがて居場所のような支えとなっていきます。そして自主的に参加する姿勢に変化していきます。そのプロセスを経て、やがて児童相談所の担当者とお父さんたちとの対立関係は、協働関係に変わっていきます。

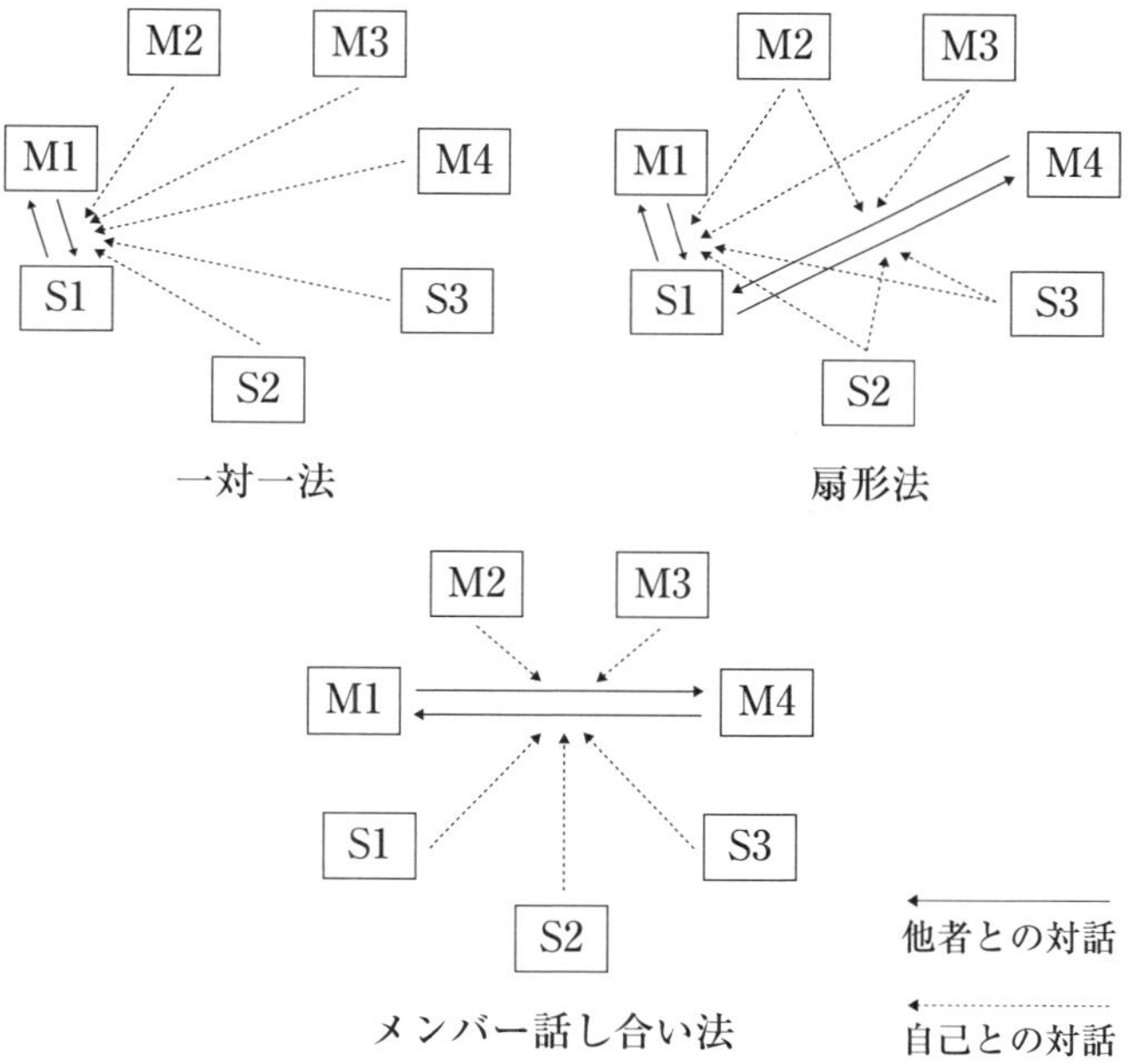

図 3-1　オープンダイアローグ

④ グループワークにおいて配慮していること

・一人ひとりを特別な存在であると尊重して、話す機会を公平にします。参加者にとって優劣のない「水平な関係性」を守ります。そのためには、スタッフたちのことも先生とは呼ばず、お互いを「○○さん」と名前で呼びます。

・**ポリフォニー**を意識します。ポリフォニーとは、その場にいる複数の人の声が、それぞれに響くことです。

　これは一人の声によって物語が進む（**モノフォニー**）ではない状態のことです。それぞれの声は対等に独立して存在します。その声に互いに影響を受けながら、対話は進んでいきます。

・**他者との対話**（outer talk）と、**自分との対話**（inner talk）を繰り返します。話す人は話す（outer talk）、聴く人は聴くというように、対話を丁寧に分けます。このやり取りを一緒に見たり、聴いたりしている人たちは、自分と対話（inner talk）をしながら考えを深めていきます。このやり取りを繰り返しながら、お互いの考えを共有できるようになっていきます。聴く人が他のスタッフやメンバーたちに変わることもあります。

　スタッフ（S）が、メンバー（M）に順番に話を聴いていくのが一対一法です。次にスタッフが、二人のメンバーとコミュニケーションをとるのが扇形法です。そしてメンバー同士が直接コミュニケーションをとるのが、メンバー話し合い法です。

・最後の20～30分で**リフレクティング**を行います。それに関するメンバーの感想を聞き、クロージング（終了）となります。

⑤ リフレクティング（映しこむ）とは

メンバーはリフレクティングを通じて、自分たちが話したことを客観的に見直すことができます。なぜならスタッフが自分たちの話をあらためて振り返るからです。またそこにある種の気づき（inner talk）が生まれます。その気づきを言語化（outer talk）して、対話を終えることができます。

・まずメンバーたちの前で、スタッフ３人は体を向かい合わせます。これによってメンバーと、スタッフが分かれることになります。

・スタッフたちは、メンバーたちの話をどのように聴いていたのか。どのように感じたかなどを話します。

・メンバーたちは、スタッフたちが話していることを観察します。スタッフたちの声を聴きながら、メンバーたちは様々なことを思います。

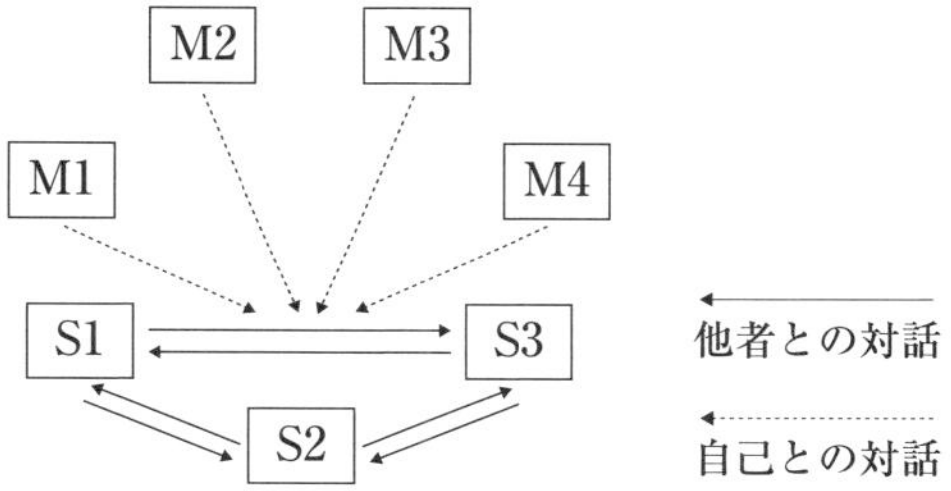

図 3-2　リフレクティング

・スタッフたちが話し終えたあと、再びメンバーたちとスタッフたちは輪になります。ここでメンバーたちは自分自身の思ったことや感じたことを話して、クロージングとなります。

8 ケースカンファレンスもオープンダイアローグで

スタッフはケースの必要な節目で、メンバーと家族、関係者を交えてカンファレンスを開きます。ケース担当者や施設職員、地域の支援者など関係者が一堂に会します。ここでもスタッフはオープンダイアローグを行います。

おわりに

オープンダイアローグの実践を通して、実感していることがあります。対話とは「向かい合って話し合う」ことではありません。他者とともに「自分が変わっていく」ことです。またオープンダイアローグは、目的のために対話をするのではありません。「対話すること」そのものが目的なのです。今後、この考え方が多くの人に認識されることを期待しています。

第2章　試験観察中の少年の「親の会」（家庭裁判所）

1　家庭裁判所の「親の会」

思い起こせば長いもので、この「親の会」に参加してから、もう20年以上になります。年2回ほどの参加ですが、私にとっては毎回が貴重な体験です。この会のファシリテーターを始めたきっかけは、家庭裁判所調査官の同期が声をかけてくれたことでした。大学の教員になった私にとって、このような社会貢献の場を得られたことは、とてもありがたいことです。

この会に集まってくる親の子どもたち（少年たち）のほとんどは、試験観察という家庭裁判所（以下家裁と記す）の中間処遇を受けています。試験観察とは社会の中での更生か、施設の中での矯正教育かの、どちらが必要かを見極める期間のことです。

少年たちは非行をして逮捕され、家裁に送致されました。少年たちはその後、約3週間にわたって少年鑑別所で心身鑑別を受けながら、担当する家裁調査官の調査面接を受けます。こうしていったん家に帰った後も少年たちは、1～2週間に1回くらいのペースで、親とともに担当の家裁調査官の面接を受けながら生活していきます。

多くは中学生や高校生、あるいは高校を中退したまま就職の見通しも立たない少年たちです。しかしその親たちはこの会に参加することで、少年たちの更生をサポートする何らかのきっかけを掴んでいきます。どの親も、わが子を思う気持ちは強いものです。少年たちを見守る親たちは親の会に参加し、「対話の絆」を広げていきます。

2 広がっていく「対話の絆」

少年たちは思春期という、掴みどころのない不安定な発達段階にいます。そんな少年たちと、どのように関わっていけばよいのでしょうか。親たちは悪戦苦闘しながら、日々の生活を送っています。親たちは日頃、担当の家裁調査官や教員、雇い主などごく限られた関係者たちにしか相談できません。そのような親たちが試験観察を受ける中で、「親の会」に参加してきます。

親の会のグループで「対話の絆」はどのように広がっていくのでしょうか。例えば6人の親が参加していたとしましょう。ファシリテーターである私が、ある親と話をしています。これは「他者との対話」です。この時、他の５人の親たちは、そのやり取りを見たり聴いたりしながら、自身の体験や考えと照らし合わせます。これは「自己との対話」をしていることになります。その内容は「そういうことって、ある！　ある！」や「そんなことがあるんだ？」、「私の場合は少し違うかも」などいろいろです。

次に私はこれまで話をしていた親とは違う、残り５人の中の１人に話しかけます。その時にその方が話す内容は、「他者との対話」を聴きながら、自身の体験と重ね合わせていた「自己との対話」なのです。

このような私と親とのやり取りは、自然に親同士の対話にも発展していきます。こうしてさらに参加者の「対話の絆」が広がっていきます。その対話は、親と少年のことだけではありません。父（母）や兄弟など、家族の関係性の話題に広がっていくこともあります。

この家族の関係性を、具体的に共有していく方法があります。それが「家族造形法」というグループワークです。それは参加した親たちの身体を使って表現します。参加者全員で協力し合って、それを共有していきます。

3「家族造形法」の魅力

家族造形法を用いることで、各家族の様子が浮き彫りになります。このグループワークには造形家役と、家族役があります。親たちは造形家になったつもりで、自分たちの家族を造形していきます。

まず造形家役は最初に、自分の家族とそれぞれの距離感をイメージしながら、家族役を配置します。家族役になった参加者は粘土になったつもりで、造形家役の指示に従いながら動かなければいけません。造形家役は、家族役の参加者を様々な方向に向かせたり、ポーズを取ってもらったりします。最後に造形家役も自らその造形の中に入り、自分の家族の造形を完成させます。例えば、次のようなことを語りながら造型します。

母役（造形家）　うちは私（母）と夫（父）と息子（少年）と娘（妹）の4人家族です。息子は私が口うるさく言うと、煩わしそうに「わかってるよ！」と言います。また息子は私に対して、少し背中を向けています。しかしときどき心配なのか、私のほうを見る感じです。

その様子を娘は心配そうに見ています。娘はとてもいい子で、手がかかりません。私が最近、執拗に息子に心配事を言い続けると、斜め後ろから見守る夫が間に入りストップをかけてくれます。

夫は以前より私たちのことを見てくれるようになってきました。

造形が完成したら、私が次のように言います。

私　どうぞ皆様、そのまま動かずにポーズを取り続けてください。そしてその立場と距離感で家族役をやってみて、どのような気持ちが湧いてくるでしょうか。私が順番にお伺いしますので、言ってみてください。

私が聴いていくと、

妹役　以前はお兄ちゃんとお母さんが、喧嘩にならないか心配だった。だけど最近はお父さんが見守ってくれるようになって、前より心配が少なくなった。

父役　以前は息子のことはほとんど妻に任せていたけど、試験観察になってからは私が二人の様子を見守るようになり、妻の負担が少なくなってきたように思う。

少年役　以前はお母さんがしつこく聞くから腹が立ち、強く口答えした後に心配になっていた。だけど最近は、お父さんが以前より見てくれるようになり、お母さんが口うるさく言うのが少なくなり楽になった。

母役（造形家）　お父さんが以前より息子のことをよく見てくれるようになって、ずいぶん気分的に楽になった。

必要な時には、以前のうまくいっていなかった時の家族の造形に、作り変えてもらうこともあります。そしてそれと比較してみます。

このように家族造形法によって、「対話の絆」の広がりを身体で表現して、体感してもらいます。このグループワークに参加した親も、それを見ている親も、全員あたかも自分の家族のように熱心に取り組み、また見守ります。お互いの家族関係を確認しながら、それを共有することは、新たな気付きも生じさせます。

例えば夫婦で参加している親は、お互いに異なる造形を作ることもあります。しかしその差異は、あらためて家族関係を気づかせることになり、理解が深まります。

自分たちの家族を造形していく作業を通して、どの親も自尊感情を持てるようになります。なぜなら「自分たちはよくやっているのではないだろうか」と思えるからです。そしてグループに参加する前よりも、少し落ち着いて帰っていきます。

親の会では悩みや困難、不安を感じている親たちが一堂に会します。親たちはこのグループに前向きに参加しています。きっとこれからも新たな決心や、解決策を見つけていくでしょう。

第３章　家庭訪問型子育て支援の取り組み（ホームスタートの取り組み）

１ 子育て支援に関して

私が支援に関わっているものの一つに、家庭訪問型子育て支援ボランティア・ホームスタートがあります。

ホームスタートの起源は１９７０年代の英国です。３児の母であるマーガレット・ハリソン（Harrison,M. 1938-2015）が、子育て家庭の訪問活動を開始しました。彼女は施設でボランティアをしていました。その時に「もっと話がしたいわ。うちに来ない」と誘われたことがきっかけだったようです。彼女は来所する母親と、立ち話をすることが多かったのです。マーガレットの言葉です。

私が提供できたのはただありのままの私自身でした。プロとしての立派な資格もないし。友人のように一緒に過ごしながら育児や家事の手助けをしました。一緒にたくさん笑いもしましたよ。

そのうちに思ったのです。これなら、他の人にもできるんじゃないかって。

（市村彰英（2021）「コロナ禍で子育てをするお母さんたちへの支援」『戸籍時報』８１６）

こうして地域の親同士の支え合い活動は始まりました。この活動はやがて英国はもとより、海を越えて海外にも広がっていきました。日本でも試行を重ね、２００９年に訪問プログラムが完成して、活動が始まりました。現在29都道府県、１１０の市区町村へと広がっています。私は現在、埼玉ホームスタート推進委員会の顧問として、関係者の皆様とともにホームスタートの発展をサポートしています。

２ ホームスタートの魅力

地域の団体には、訪問ボランティアの「ホームビジター」と、調整スタッフの「オーガナイザー」がいます。未就学児がいる家庭であれば、誰でも無料で利用できます。ホームビジターは週1回のペースで訪問して、2時間ほど話をします。またちょっとした家事や、子どもの世話も一緒にします。ホームビジターの年齢層は30～80代までと幅広く、全国で約３０００人が活動しています。彼女たちは子育て経験のある者たちです。また最初に37時間の養成講座を受けます。

オーガナイザーは、利用者とホームビジターのサポートをします。利用者がどのようなことに困っているのか？　どのようにホームビジターと一緒に過ごしたいのか？　これらを最初に訪問先の家庭と、ホームビジターとともに考えます。こうして一人ひとりのニーズに合った支援ができるように調整します。

3 家庭のニーズは様々

「引っ越してきて、知り合いがいない」。「子どもと、どう接していいかわからない」。「双子や複数の子どもを育てるのが大変」。最初はこのような母親の話をゆっくりと聴きながら、寄り添うことが大切です。そのうえで母親と子どもと一緒に公園に行ったり、買い物をしたり、子どもの発達相談の窓口や行政の手続きを紹介したり、通院に付き添ったりします。

２０１６年から、妊婦さんへの訪問も始めました。産後は体調不良で気力もありません。産後うつも増加傾向にあります。そのため様々な手続きをするのも大変です。まずは子育て世代包括支援センターと連携しながら、出産前から寄り添います。産前産後と、切れ目のない支援ができれば、虐待の防止にもつながります。

最近は高齢出産である40代の利用も増えました。仕事や介護、育児に悩む家庭も多くなりました。多胎児家庭やひとり親家庭、障害のある人がいる家庭、外国人の家庭など、この10年で多様な家庭がみられるようになりました。

4 専門職とは一味違う存在感

行政の取り組みとしては、生後4カ月までに家庭訪問をする、乳児家庭全戸訪問事業（こんにちは赤ちゃん事業）が行われています。専門家である保健師、保育士、市区町村の子育て支援課職員などが家庭訪問をします。その後、保健センターで4カ月健診を行う取り組みです。

深刻な事情を抱えている家庭や、見守りが必要な家庭には、この後も保健師や市区町村の子育て支援課が継続的に関わります。さらに厳重な見守り態勢が必要な場合には、要保護児童対策地域協議会や、児童相談所なども関わります。このように行政が直接指導するのは、支援が必要な家庭が多いです。

しかしふつうの家庭に見えても、子育てにおけるいろいろな事情や、孤立感を抱えている母親はたくさんいます。子育てに疲れている時は外出するエネルギーもなく、何をするにも億劫になります。買い物や、子育て広場に足を運ぶこともできずに、ひきこもりがちになります。コロナ禍ではこの傾向が助長され、うつ傾向が強まる悪循環も生じました。このような時にホームスタートは、ネットや電話で連絡するだけで、簡単に利用することができます。

利用者にとってボランティアと、行政の支援は異なります。利用者とボランティアの関係には、心地よく適度な距離感があります。その中からお互いに支え合う相互作用が生まれていきます。

５ 利用したお母さんたちの生の声

ここで利用者であるお母さんたちの声を紹介しましょう。

お子さんとの関り
子どもにとって、家族以外の人との触れあい体験ができた。
久しぶりに子どもと一緒に穏やかに遊べた。
子どもが私と離れる時にも、泣かずに過ごせるようになった。
絵本の読み聞かせをしてくれた。子どもが懐き、来るのを楽しみに待っていた。

お母さんへのケア
話し相手がいないので、話を聴いてもらうだけで楽になった。

よいところを見つけて褒めてくれた。

否定することなく関わってくれた。ストレスなく過ごせた。

親や友達に対するよりも素直になれた。

親身になって相談に乗ってくれた。

適度な距離感が心地よかった。

ママが我慢するより、好きなことをしたほうが子どもも楽しいということが実感できた。行き詰っていた子育ての気分転換ができた。

一緒にお菓子が作れて楽しかった。

リクエストに応じてくれて嬉しかった。

イヤイヤ期の子どもに疲弊していたが、肩の荷がおりた。

外出支援
外で待ち合わせをすることで、外出できるようになった。
知っている人と公園に行く安心感があった。
遠くへのお出かけができた。

産後、子どもが小さく出かけにくい中で、お出かけして話を聴いてもらえた。
娘にとっては初めて行く場所で、新しい世界が広がった。
買い物で気兼ねなく好きな店を回ることができた。

その他

他の子育て中の方にも勧めたい。
地域で助け合うことが大切だと思った。
豊富な経験を積んだホームビジターと交流し、毎回たくさんのことを勉強できた。
ボランティアの方に時間を割いてもらい、ありがたかった。

おわりに

ここまで家庭訪問型子育て支援ボランティア・ホームスタートを紹介しました。コロナ禍では、三密に万全の注意を払いながら運営しました。無理せず、明るく、前向きに関わろうとし続けるスタッフたちの姿勢には、頭が下がる思いでした。

最近では行政の取り組みの中で、ホームスタートの認知度が上がっています。保健師や、子育て支援課の職員など、行政と協働・連携することも増えています。行政とボランティアは、お互いの持ち味を生かしながら各家庭と関わります。それぞれが持つ視点を十分に尊重しながら、共通のゴールを目指して取り組んでいます。

ホームスタートとつながることにより、利用者のニーズは少しずつ満たされます。ホームビジターが家庭訪問を繰り返すうちに、利用者家庭には小さな変化が生じます。それがさざ波のように広がって、自然と解決に導かれていきます。こうしてそれまでの悪循環が、好循環に変化していきます。

あとがき

人間には、日頃から当たり前に行っていることがあります。心理学とはその行動を見つめ、いろいろな分野から分析して、理論化する学問です。

本書では基礎心理学と応用心理学の2つに分けて、いろいろな角度から眺めてきました。最後にそれらを生かして、私のこれまでの実践を述べました。自分たちの行動を少し俯瞰してみる。そして心理学の構成概念を用いながら、それを説明してみる。すると人間とは、素晴らしい能力と可能性を持った存在であることが、あらためて認識できるはずです。

昨今、ＡＩ（Artificial Intelligence 人工知能）が急速に発展しています。そのような現代において、私たちの生活をより有意義なものにしていくためには、今後も心理学の発展が欠かせません。本書がいろいろな年齢層の方々に読んでいただけること。それによって、世代を超えた繋がりが持てるきっかけとなることを祈っております。

参考・引用文献

Allport, G.W. (1962) . Personality : A Psychological Interpretations. Henry Holt and Company.（宅摩武俊ほか訳（1982）『パーソナリティ　心理学的解釈』新曜社）

DeJong, P., Berg, I.K（1988）Interviewing for Solutions. Cole Publishing Company.（玉真慎子ほか訳（1998）『解決のための面接技法』金剛出版）

Erikson, E.H., Erikson, J.M.（1997）The Life Cycle Completed W.W.Norton & Company.（村瀬孝雄ほか訳（2001）『ライフサイクル、その完結』みすず書房）

Frances, A.（2013）Essentials of Psychiatric Diagnosis Responding to the Challenge of DSM-5. The Guilford Press.（大野裕ほか訳（2014）『精神疾患診断のエッセンス』金剛出版）

Sullivan, H. S.（1953）The interpersonal theory of psychiatry. W.W. Norton.（中井久夫ほか訳（1990）『精神医学は対人関係論である』みすず書房）

東豊（1993）『セラピスト入門』日本評論社

平木典子・中釜洋子（2006）『家族の心理』サイエンス社

市橋秀夫（1997）『心の地図』上下、星和書店

市村彰英（2019）「ブリーフカウンセリング」平木典子 編著『カウンセリング心理学』新曜社

――――（2019）「保健・福祉カウンセリング」平木典子 編著『カウンセリング心理学』新曜社

――(2017)「高齢者の夫婦関係、夫婦問題」『家族療法研究』34(1)
――(2019)「同じ悩みを持つ人たちの絆」『戸籍時報』779
――(2021)「コロナ禍で子育てをするお母さんたちへの支援」『戸籍時報』816
――(2023)「海外トピック89　私にとってのオープンダイアローグとは」『家庭問題情報誌ふぁみりお』89
――(2023)「日頃のストレスについて想うこと」『戸籍時報』844
金城辰夫監修(2016)『図説　現代心理学入門』培風館
桑野隆(2021)『生きることとしてのダイアローグ』岩波書店
宮城音弥(1981)『新・心理学入門』岩波新書
森川すいめい(2021)『感じるオープンダイアローグ』講談社
――(2021)『オープンダイアローグ　私たちはこうしている』医学書院
中釜洋子(2010)『個人療法と家族療法をつなぐ』東京大学出版会
大野裕(2005)「うつ病の認知行動療法　うつ病対策学習ＤＶＤ」(アメリカ心理学会心理療法ビデオシリーズ)ＪＩＰ日本心理療法研究所
斎藤環(2015)『オープンダイアローグとは何か』医学書院
――(2015)「『開かれた対話』と『人薬』」『家族療法研究』32(2)

佐藤泰三（1998）「児童・思春期のこころの悩み、成り立ちの理解と対応」『月刊学校教育相談』12（2）

オープンダイアローグ関連資料

https://www.youtube.com/watch?v=_i5GmtdHKTM

Five-year experience of first-episode nonaffective psychosis in open-dialogue approach : Treatment principles, follow up outcomes, and two case studies . Psychotherapy Research. March 2006, 16(2) : 214-228.

著者紹介

市村彰英（いちむら　あきひで）

日本大学大学院文学研究科博士前期課程心理学専攻中途退学
家庭裁判所調査官を20年務めたのち大学教員に転身
現在は埼玉県立大学名誉教授，臨床心理士，公認心理師
専修大学，日本女子大学，跡見学園女子大学などで非常勤講師を務める

主要業績

著書に，『カウンセリング心理学』（共著，平木典子ほか編，2019年），『犯罪心理学事典』（共著，日本犯罪心理学会編，2016年），『新・発達心理学ハンドブック』（共著，田島信元編，2016年）
論文に，「家庭裁判所における非行少年への臨床的かかわり」（『犯罪心理学研究』62巻特別号，2025年），「高齢者の夫婦関係，夫婦問題」（『家族療法研究』34巻1号，2017年）ほか

まず知っておきたい心理学

2025年5月2日　第1刷発行　〈検印省略〉

印　刷　上野印刷所
東京都江東区亀戸5-42-15
担当　大野晋史

発行者　本谷高哲
発行所　梓出版社
千葉県松戸市新松戸7-65
電話・FAX 047-344-8118

乱丁・落丁本はお取り替えいたします
ISBN 978-4-87262-041-2　C0011